本田宗一郎自傳

本田宗一郎 夢を力に 私の履歴書

奔馳的夢想，我的夢想

本田宗一郎——著　黃雅慧——譯
（Soichiro HONDA）

HONDA

經營管理 132

本田宗一郎自傳：奔馳的夢想，我的夢想

（原書名：爽快啊！人生）

作　　者　本田宗一郎（Soichiro HONDA）
譯　　者　黃雅慧
企畫選書人　文及元
責任編輯　文及元、林博華
行銷業務　劉順眾、顏宏紋、李君宜

總 編 輯　林博華
發 行 人　凃玉雲
出　　版　經濟新潮社
104台北市中山區民生東路二段141號5樓
電話：(02) 2500-7696　傳真：(02) 2500-1955
經濟新潮社部落格：http://ecocite.pixnet.net
發　　行　英屬蓋曼群島商家庭傳媒股份有限公司城邦分公司
104台北市中山區民生東路二段141號11樓
客服服務專線：02-25007718；25007719
24小時傳真專線：02-25001990；25001991
服務時間：週一至週五上午09:30~12:00；下午13:30~17:00
劃撥帳號：19863813　戶名：書虫股份有限公司
讀者服務信箱：service@readingclub.com.tw
香港發行所　城邦（香港）出版集團有限公司
香港灣仔駱克道193號東超商業中心1樓
電話：(852) 25086231　傳真：(852) 25789337
E-mail: hkcite@biznetvigator.com
馬新發行所　城邦（馬新）出版集團 Cite (M) Sdn Bhd
41, Jalan Radin Anum, Bandar Baru Sri Petaling,
57000 Kuala Lumpur, Malaysia.
電話：(603) 90578822　傳真：(603) 90576622
E-mail: cite@cite.com.my
印　　刷　漾格科技股份有限公司
初版一刷　2013年4月16日
二版一刷　2016年11月15日

城邦讀書花園
www.cite.com.tw

ISBN：978-986-6031-95-3

售價：350元
Printed in Taiwan

〈出版緣起〉

我們在商業性、全球化的世界中生活

經濟新潮社編輯部

跨入二十一世紀，放眼這個世界，不能不感到這是「全球化」及「商業力量無遠弗屆」的時代。隨著資訊科技的進步、網路的普及，我們可以輕鬆地和認識或不認識的朋友交流；同時，企業巨人在我們日常生活中所扮演的角色，也是日益重要，甚至不可或缺。

在這樣的背景下，我們可以說，無論是企業或個人，都面臨了巨大的挑戰與無限的機會。

本著「以人為本位，在商業性、全球化的世界中生活」為宗旨，我們成立了「經濟新潮社」，以探索未來的經營管理、經濟趨勢、投資理財為目標，使讀者能更快掌握時代的脈動，抓住最新的趨勢，並在全球化的世界裡，過更人性的生活。

之所以選擇「經營管理－經濟趨勢－投資理財」為主要目標，其實包含了我們的關注：「經營管理」是企業體（或非營利組織）的成長與永續之道；「投資理財」是個人的安身之道；而「經濟趨勢」則是會影響這兩者的變數。綜合來看，可以涵蓋我們所關注的「個人生活」和「組織生活」這兩個面向。

這也可以說明我們命名為「經濟新潮」的緣由——因為經濟狀況變化萬千，最終還是群眾心理的反映，離不開「人」的因素；這也是我們「以人為本位」的初衷。

手機廣告裡有一句名言：「科技始終來自人性。」我們倒期待「商業始終來自人性」，並努力在往後的編輯與出版的過程中實踐。

目錄

本田宗一郎自傳

【導讀】
有夢想，就有力量！

文／牧野朗（台灣本田股份有限公司前董事長兼總經理）

此次受邀為本書寫導讀，將敝社創辦人本田宗一郎的著作介紹給華文圈的讀者，機會殊勝。

在我進入本田汽車工作之前，創辦人本田宗一郎已退出管理的第一線；一九六二年，本書的第一部〈我的履歷書〉在《日本經濟新聞》連載時，我尚未出生。由於我並未與本田先生有直接的接觸，因此，請容我僭越，以一個在本田汽車工作的讀者身分撰寫此文。為了讓各位讀者可以更深入本書的內容，我將長年在本田汽車工作受到企業文化的薰陶，結合「本田哲學」（HONDA Philosophy）的理念培育所累積而成的經驗寫成此篇導讀。

本田宗一郎是一位揚名立萬的傑出創業家，雖說學歷只有小學畢業，但是，他累積多年實務經驗之後，在四十二歲那年自行創業並成立機車製造商——本田技研工業株式會社。一九六三年，在本田宗一郎築夢踏實的精神引領之下，本田集團從二輪車（電動腳踏車、摩托車）進軍四輪車（汽車）的事業領域；從成立以來經過六十多年之後，以二〇一二年度為例，本田集團在全世界擁有超過四百多間關係企業與合資公司，以引擎為技術核心的相關商品中，二輪車年銷量一千五百萬台、四輪車年銷量三百一十萬輛，泛用製品以及其他車種（註：農業、工業用車等）銷量五百八十萬台。二〇一三年，事業領域跨足小型噴射機，事業日漸擴大、業績也逐步成長。如同一開始所提到的，本書是本田宗一郎的人生奮鬥過程，也是一位揚名立萬的傑出人物的成功故事，但是，我認為這本書不僅於此，期盼各位讀者能從以下的角度閱讀本書。

如同本書的日文原書名《有夢想，就有力量！》，本田宗一郎的一生，始終懷抱夢想、築夢踏實，將夢想視為人生的原動力。這個夢想，一開始是自己的夢想，也是親朋好友的夢想；累積經驗、見聞廣博之後，這個夢想逐漸擴展為公司與社會的規模；之後關注環保，夢想已經到達地球規模一般遠大。如果換成一般人，人生路上不斷累積經驗、歷經千辛萬苦與種種挫折之後，卻與夢想漸行漸遠。但是，本田宗一郎的人生之路一直都有夢想伴隨，而且，他始終築夢踏實、持續圓夢。即使出身於貧寒之家，但是，刻苦耐勞的本田宗一郎，對於自由、公平、平等心有憧憬，加上他對於能夠生產讓人來去自如、讓生活更便利進而讓人欣喜的交通工具有相當強的渴望；因此，為了圓夢，在堅強的意志支撐之下，他努力地充實與精進自己的技術，讓技術到達能夠實現夢想的程度。此外，本田宗一郎比任何人更注重顧客的喜悅，比方說，在車禍、環保等交通工具引發的社會問題檯面化之前，他就已經開始注意這些人類普遍面臨的課題。因此，他持續挑戰能夠解決這些問題的相關技術，一心一意想要解決這些課題。本田宗一郎以毫無限制的夢想與旺盛的好奇心，以及凡事追根究柢的探究心，凡事都要自己親身體驗，超越時代與場所的層層限制，找出普世價值，引領著本田集團一路發展。因此，與其說本書是一位揚名立萬創業家的英雄故事，不如說本書是細說本田宗一郎如何從無到有、白手起家的珍貴經驗談。

我想建議各位讀者，拿到這本書，一開始不妨先閱讀本書第三部〈本田宗一郎語錄〉。如此一來，相信各位讀者對於語錄中所提到的普世價值產生共鳴之後，接著再閱讀本書第一部〈我的履歷書〉，藉由本田宗一郎以第一人稱親自撰寫的內容，透過他的快人快語、自信豪爽和失敗經驗談，以及本田汽車的草創期，能夠進一步了解他如何挑戰與體驗從無到有的創業過程，從中也可得知本田集團的創業史。接著進入第二部〈其後〉，藉此了解本田宗一郎成為社長之後的辛勞和業績快速成長的過程。相信若能以如此的順序閱讀本書，就能和一開始閱讀第三部的價值觀串聯起來。藉由這樣的閱讀過程，相信身在二十一世紀的各位讀者，可以更深入了解本田宗一郎所處的那個年代裡，白手起家的創業甘苦談。

事實上，我認為第三部最重要的精神，是語錄所傳達的普世價值，這也顯露出本田宗一郎永不厭倦的探究心與勇於接受挑戰的精神，讀者藉此可以親自體驗什麼是全力以赴、專注學習的態度。這本書，不只是管理的案頭書，也是人生與思考的參考書。當您陷入心情低潮或陷入煩惱時，建議您閱讀第三部本田宗一郎和多位先進們的語錄，有助於我們以前人為師，了解當他們陷入困境時，如何判斷、如何思考，進而看透表象、找到事物真正的本質，最後終能脫離困境的過程。

在本田集團，這樣的過程稱為「原點」，藉由不斷指導新進後輩，「原點」的觀念已落實在世界各地本田集團員工的工作中。而「本田哲學」的根基就是「原點」，我們在台灣本田汽車的管理中實踐，同時也是員工的工作觀。

藉由本書繁體中文版的出版，我希望讀者不僅限於認同本田品牌者，而希望有更多的年輕讀者能夠閱讀本書。期待年輕朋友們勇於接受挑戰、樂於從體驗中學習，哪怕只有一次也好，只要能夠持續迎接挑戰，就能讓今日比昨天更好、讓明天比今日更好，我很渴望能獲得這樣天天進步、日日成長的年輕人才。這樣的夢想，並不只是侷限於日本或台灣，而是把眼光放大，將世界當成舞臺，為自己開創嶄新的未來、構築更好的未來社會。

此外，我也期待本田集團與產品，能夠成為提供比顧客期待的價值更高的品牌，並能持續獲得愛戴與好評，而我個人也會以此做為我個人的挑戰目標。因為我深信，有夢想，就有力量！（翻譯／文及元）

前言

本田宗一郎（HONDA Soichiro，一九〇六—一九九一），汽車技術人員。HONDA（本田技研工業）創辦人。出生於日本靜岡縣。他自日本尋常高等小學（相當於國民小學）畢業後進入東京本鄉一家汽車維修廠從學徒做起。其後，在濱松（靜岡縣）從事汽車維修，雖然當時生意興隆，他卻立志成為製造廠，因此開始研究引擎與活塞環。第二次世界大戰以後，他獨自設立本田技術研究所，在腳踏車上加裝小型引擎，推出俗稱的「小翅膀（啪搭啪搭）」機型。一九四八年創立本田技研工業。之後陸續研發並推出「夢想D型」（Dream）、「超級小狼（Super Cub）」（註：臺灣暱稱其為「小綿羊」）等輕型機車，成為國際間二輪車製造廠龍頭。其後，本田跨足四輪車市場，成為最早在歐美立足的汽車廠。研發複合渦流混合燃燒引擎（Compound Vortex Controlled Combustion，以下簡稱ＣＶＣＣ，這是世界第一具通過美國馬思基〔Muskie〕低廢氣排放法案規範的環保引擎）。一九七三年辭任董事長。

＊

一般人認得汽車或摩托車上的「HONDA」標誌，但是，對於創辦人本田宗一郎卻一無所知，因此，容我簡單地介紹本田宗一郎的生平。

本田宗一郎，可以稱得上是第二次世界大戰之後，日本所培育的商界風雲人物。除了世界知名的HONDA標誌或機車以外，不論是目前引起各界關注的機器人ASIMO或Ｆ１賽車（Formula One）風潮，本田宗一郎都功不可沒。

綜觀日本近代史，本田宗一郎堪稱日本代表的經營者之一。根據日本經濟新聞社於二○○○年底所發表的「日本二十世紀最受尊崇的創業者」排行榜調查，本田宗一郎榮登第二名，僅次於「經營之神」的松下幸之助（松下電器〔Panasonic〕創業者）。

本田宗一郎之所以受歡迎，並非僅是他成功地從一位汽車維修廠的黑手跨足摩托車製造業，而且憑一己之力建造龐大的汽車廠而已。在他的自傳中，有不少充滿人性的真實故事，這才是讓人引起共鳴的地方。

比方說，身為男性的他，對於研發孤注一擲的天分與狂傲，持續追尋年輕時夢想的創意與熱情，陪他逐夢並開創事業的搭檔，在天才本田宗一郎後面不斷追趕而且努力超越的年輕部屬等。

不僅如此。他兼具實用與創意、排斥模仿、追求獨創技術的挑戰精神、對於時代潮流與大眾需求洞燭機先的前瞻性、提倡良品無國界的主張，以世界為市場的全球化、反抗政府官員的箝制、指導或規範，堅持走自己的路的獨立自主精神、提倡為自己而工作的人性主義、注重安全和環保的公共道德感、訂定目標放手讓年輕人發揮的領導、嚴守公私分明的經營倫理等。本田宗一郎和他的夥伴們輕鬆地解決了這些日本企業所抱持的課題。

而且，最重要的是本田宗一郎個人的性格魅力。他的個性開朗又純情，專心一意追逐夢想、不計利害得失一決勝負。即使失敗也不氣餒，總是笑臉迎人而且具有幽默感。

「只要一見鍾情，即使千里之遙猶如近在咫尺」——全神貫注於自己想做的事，這是本田宗一郎這一生的支柱，也是本田主義的原點。

剛硬的邏輯精神與溫潤的義理人情，本田宗一郎兼具看似矛盾極端的個人特質，這就是一種獨特的魅力。從他回顧自己前半生的自傳〈我的履歷書〉中，讀者可從字裡行間感受到他這種獨特的個性。他的奮鬥歷程讓人對那一代日本人經歷戰爭，費盡心力從廢墟爬起，白手起家締造高度經濟成長的勇猛產生共鳴。

本書內容集合本田宗一郎於昭和三十七年（一九六二年）八月在《日本經濟新聞》所連載的〈我的履歷書〉與HONDA公司內部期刊等文章。除此之外，也加入他在董事長任內所經手的各項重大事業及退休後之動向。

當〈我的履歷書〉專欄結束連載以後，在他的董事長任內共面臨過六個試練。首先是跨足自用小汽車市場，其次是挑戰F1，再來是獨霸輕型汽車市場、與小型汽車苦鬥、研發環保引擎，最後是宣布退休。

再者，本書也介紹負責事業經營的藤澤武夫，這位與本田宗一郎並肩作戰二十五年的盟友、共同經營HONDA的夥伴，他的經營思想與行動。藤澤身為本田事業上的「賢內助」，負責將財務、銷售、組織管理與拓展海外市場等所有經營實務做實際的切割，透過藤澤的行動，我們可以具體看出本田宗一郎這個人和其時代背景。

本田宗一郎於一九九一年往生，從彼時到此時的這段期間，日本經歷經濟泡沫化的慘痛，各種支撐繁榮的制度或系統失去功能。社會瀰漫一種封閉感；在無法重拾「失去的十年」的情況下，邁向二十一世紀。本田出生的時空與目前相比，時代環境完全不同。然而，企業經營或商業人士的生存方式所需面臨的課題卻沒有改變。

在沒有航海圖的今天，本田宗一郎將夢想化為力量的生活方式或思考方法，益發讓人覺得耳目一新。此外，本書中的所有職稱均沿照當時狀況，並且省略敬稱。

二〇〇六年六月

責任編輯　名和　修（日本經濟新聞社編輯委員）

第一部

我的履歷書

1　濱松鐵工廠的幼年時代

我生於明治三十九年（一九〇六年）日本靜岡縣濱松市磐田郡光明村（目前的天龍市）。我父親本田儀平開一家鐵工廠，我是長男，我可以說是在風箱運作聲與鏗鏘的打鐵聲中長大。我祖父那一代以務農為生，父親則改行開鐵工廠，生活並不富裕。因此，我常常揹著妹妹上學或幫忙父親壓風箱。我記得剛懂事時，喜歡折廢鐵做一些不成形的鐵作小物，然後洋洋得意；那時的我，比較喜歡敲敲打打製作或修理農具。

在我開始上小學以前，就已經對機器和引擎很感興趣了。那時，離我們家四公里外有一家米店，那裡有一台在當時算是相當稀罕的發電機。祖父常常揹著我去那家米店，我聽著發電機咚咚的運作聲、聞著石油的獨特味道伴隨著一股青煙，實在相當迷人。

在那家米店一公里外還有一家木材店，那裡的電鋸總是很有架勢的「噗！」地一聲裁斷木材，我最喜歡看那個場景了。對我來說，只要能看到機械運轉，我就覺得心情很愉快。

因此，我在上小學（山東小學）時，對於五年級以前理科所教的植物或昆蟲都很頭痛，直到六年級開始教電池、天平、試管或機械時，我才對理科有興趣。其實，我本來就比較喜歡理科，老師的問題也都能答得出來，但是當我一遇到考試時卻又不行。那是因為我不喜歡書法或讀寫，我最討厭拿筆寫字了。我屬於手指比較靈巧的，如果要比做東西的話，我是不會輸人的，但是，卻無法用文字表達。我最討厭上拼字或寫字課，只要一到這種時間大多是翹課去後山爬樹、眺望天空。這種習慣到現在還都是一樣，我只要拿起書就沒辦法好好地讀進去；可是，如果是看電視的話，就會極有效率地從眼耳進入腦袋裡。

小時候，我們村子裡開始供電，家家戶戶的燈火也亮了起來。那時我看著維修技術人員腰際綁著鉗子與起子爬上電線桿扭綁各種電線時，覺得相當感動。說得誇張一點，那個身影對我而言，簡直像英雄一樣魅力十足，甚至，我回到家後還無法忘懷。所以我就爬上坐在圍爐旁的爺爺的肩上，假裝自己是技術人員，揪著祖父頭頂半禿的稀疏髮毛，高興地嚷著：「我是維修技術人員耶！」

小學二、三年級的時候，有一天放學時趕著回家時，聽說我們村子來了一輛汽車。當時我拋下一切馬上跑去看。那是一輛常見的帆布車頂的汽車，在村子狹窄的道路上慢慢地行駛。即便我當時還是個孩子，也可以輕易追上，抓著汽車後面跑了一小段。第一次看到汽車的我，只能用一句話來形容，那句話就是「好感動！」汽車一停下來，汽油就滴落地上。很難形容那種味道，於是，我將鼻子貼近地面像狗一樣到處聞；甚至將手沾滿汽油，深深呼吸地聞了聞汽油的味道。在我幼小心靈裡興起一個夢想，就是長大以後，我要製造汽車。因為這樣的機緣，當隔壁村落一有汽車來時，不論我是不是在放學回家的路上，總是揹著妹妹跑去看。

大正三年（一九一四年）的秋天，當時我還是小學二年級學生，發生了一件事。我聽說，離我們家二十公里外的濱松步兵連隊有飛機演習。那時我只有從書上看過飛機的圖片，卻沒有實際看過真正的飛機。

終於，那一天來臨了，我裝作若無其事的樣子，偷偷地牽出父親的腳踏車，朝著濱松猛踩腳踏板飛奔而去。當然，我那天翹課了。對於小學二年級的我來說，大人的腳踏車實在是太高又太大，我根本搆不到坐墊。所以我就一腳伸入橫桿內，也就是說，我坐在橫桿上忘情地猛踩腳踏板。當我終於看到步兵連隊時，無法按捺心中的激動。

但是，我的興奮只維持一下子而已。練兵場築起矮牆，我記得當時需要十分錢左右的入場費。而身上只有兩分錢的我，整個人攤在腳踏車上。好不容易才來到這裡，再怎麼說看一眼也好。我隨意看到一棵松樹便爬了上去。但又怕被別人從樹下發現，因此就折斷樹枝遮住下方。

我就靠這個方法達到目的。雖然距離有一點遠，但我在這裡頭一次親眼看到飛機，對於奈爾史密斯號的飛行感動不已。當我回家時，腳踏板也變得輕盈許多。我一邊回想史密斯號機師將鴨舌帽向後反轉、戴上飛行眼鏡的雄姿，不知不覺地，我也將學校的帽子向後反戴。

我已經有心理準備回家肯定會被臭罵一頓，父親本來怒氣沖沖的，但聽到我去看飛機的過程之後，反而很感動地說：「你真的跑去看飛機了嗎？」之後，我纏著跟父親要他的獵鳥帽，然後用厚紙板做飛行眼鏡，將竹子做的螺旋槳插在腳踏車前面。然後將帽子反戴，假裝自己開著史密斯號飛機，得意洋洋地四處亂晃。

我雖然對機械很感興趣，也深受引擎所吸引，但就像我前面說過一樣，因為我對國語

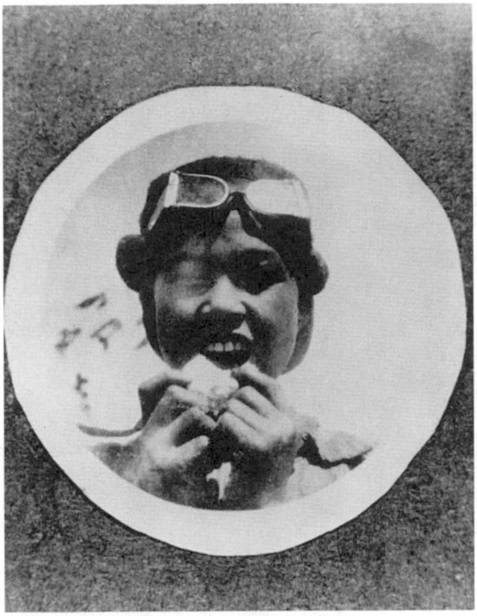

大正三年（一九一四年），戴上飛行眼鏡，嚮往史密斯號機師的本田宗一郎。

課實在沒興趣，所以成績單實在見不得人。相反地，我是調皮鬼或搗蛋鬼的名聲遠播。我們小學的後山有一個西瓜田，我常常偷跑去那裡。我採取的戰術是在西瓜上面挖個洞，將裡面吃個精光。然後，將有洞的那一面朝下擺，再逃離現場。但是，有時候也會被校長抓到臭罵一頓。

另外，我們學校附近有一個叫做清海寺的廟宇，村子裡的人都是根據廟裡的鐘聲吃午飯。有一天，我又翹課跑到後山玩，那時肚子餓得咕嚕咕嚕叫。所以，我就偷偷跑到寺廟的鐘樓上，「鏗——」的地一聲敲鐘，假裝已經中午了。那時候，從學校到村子裡大家都依照我肚子的時鐘將時間往前調，然後我飛奔回家飽餐一頓。後來被發現是我搞的鬼以後，也悽慘了一陣子。其他的惡作劇還包括：我也曾將學校養的紅金魚塗上珐瑯，變成藍金魚，或者偶而乖乖回家時，卻因為看隔壁石材店所雕刻的地藏菩薩的鼻子不順眼，就從父親的工廠偷拿鐵槌，幫地藏菩薩整修門面，在我努力敲槌時，不小心敲壞了地藏菩薩重要的鼻子。

但是，即使那麼頑劣的我，也有難過與不甘心的時候。

我們家因為很窮，買不起什麼和服。因此我的袖口總是覆上一層我的鼻水，就像合成樹脂一樣硬硬的一片。每次到了五月的男孩節時，隔壁有錢人家總是擺設一些弁慶或義經（註：弁慶為鎌倉初期的僧侶。跟隨源義經歷經險戰，最後亂箭穿身而亡，為日本戲劇時常描寫的英雄豪傑；義經為源義經，鎌倉初期的武將，最後因與兄長源賴朝不和而逃亡自盡。）等武士玩偶，我很想去看。但是，只要一去，鄰居就會一邊趕我一邊說：「像你這麼髒的小孩，不要來我家。」當時的不甘願，至今仍無法忘懷。我到現在仍然記得，當初我不了解，為什麼可以因為一個人有沒有錢而有差別待遇。所以對於這種經驗感同身受的我，總是譴責用金錢衡量人的行為。我的這種個性也反映在事業上，秉持人人平等的觀念經營。

當我在尋常小學三、四年級的時候，在天皇誕辰紀念日那一天，我們學校有一個慶祝儀式，我母親在染織的和服上幫我繫上一條新的藍色腰帶。我得意洋洋地去學校，但是，其實那是母親的腰帶。當同伴知道以後，就嘲笑我：「唉呀，你繫女人的腰帶啊！」然後我哭著回家。從那時起我開始想，以顏色區分男女是一件很奇怪的事。每個人應該根據自己的個性選擇，而不是受到顏色或打扮等所左右。我認為，只要不會讓別人不舒服或造成別人困擾，和服式樣或顏色，本來就應該是自由的。

時至今日，我仍然沒有改變初衷，因為我有這種想法，所以現在我偶爾還是穿著紅襯衫，隨興打扮。如果沒有這樣的勇氣或者決斷，我想絕對無法設計出好產品。有關設計與藝術的差異，我將在其他章節中說明。

接下來，我從尋常小學畢業後，進入二俣的高等小學就讀。然後，當我從高等科畢業時，我父親也結束鐵工廠，改做腳踏車行。因此，我有機會常常閱讀我父親訂閱的《輪業世界》雜誌。有一天，我不經意瞄到雜誌的廣告欄中「亞特（Art）商會」東京汽車維修廠的徵人啟事。

2 汽車維修廠的學徒時代

我從以前開始，就想在汽車修理廠工作。所以我看到亞特商會這個名字時，眼睛為之一亮。所以我就趕緊寫信自我推薦。過了不久，他們回信說：「你錄取了，來東京吧！」夢想成真的我相當興奮，雖然母親並不是那麼贊成讓身為長男的我遠赴他鄉，但是父親卻點頭同意。所以當我從高等科畢業以後，我父親就帶著我和唯一的一只楊柳行李箱從濱松搭著火車北上。那時是大正十一年（一九二二年）的春天。

亞特商會位於東京本鄉湯島五丁目。父親與我都是有生以來頭一次進城的鄉下人，費了一番工夫才找到亞特商會。父親跟那裡的老闆榊原郁三見了面，並將我託付給他之後，就安心地回鄉下了。而我自己也很滿意，便將父親送到大馬路上道別。就這樣，我在那家修車廠開始我的學徒生涯。

但是，我所抱持的夢想卻與現實完全不同。遠離故鄉，踏上東京土地時，心中充滿著豪情壯志。但事實上，卻是日日夜夜幫老闆照顧小孩而已。當我背後感覺一陣溫暖時，就知道是嬰兒尿尿了。那時，師兄們就會作弄取笑我：「本田的背上又出現世界地圖了。」可是，我知道大家都跟我一樣從學徒做起，所以，就咬緊牙根忍耐下來。

日復一日，我只是個保母，手裡握著的不是夢中出現的扳手這類的維修工具，而是抹布。在失落與沒出息的絕望中，我好幾次想收拾行李，拿條繩子從二樓垂降逃走。但是，只要浮現父親憤怒的模樣與母親哭泣的身影，就狠不下心來。

這樣的日子過了半年。當時東京的汽車修理廠寥寥可數，亞特商會是其中之一，因此生意相當興隆。有一天，老闆跟我說：「小子，今天實在太忙了，你過來幫忙一下。」這簡直像做夢一樣，我甚至懷疑自己是不是聽錯了。當時，我高興極了。那天雖然天氣嚴寒，下著大雪，但是我早就忘了寒冷的氣溫，興奮地在結滿冰柱的汽車底下鋪好墊子就鑽了進去，那天我負責的是修理下蓋的鐵線。

這是我第一次維修汽車，當時心中的感動永生無法忘懷。自此之後，老闆多少認同我

大正十二年（一九二三年），任職於亞特商會時的照片。關東大地震以後，我常在東京燒盡的廢墟中東奔西走修理汽車。

的能力，所以，保母的工作逐漸減少，開始接觸一些維修工作了。後來當我再回想時，就覺得當時忍耐半年當保母是對的。我只要想起當時的辛苦與喜悅，不論什麼樣的苦都煙消雲散。眼光放長遠一點來看，就覺得我沒有浪費人生。

大正十二年（一九二三年）九月，在我當了一年學徒的那一年，發生關東大地震。當時，我第一個動作就是衝去電話旁。因為我聽說電話很貴，所以就立刻拿出起子把電話拆下來帶著逃命。

老闆罵說：「你帶著電話機逃出去幹嘛？應該趕緊把汽車開走。會開車的人都把車開到安全的地方避難。」隨著地震的發生，火災四處延燒，都快燒到亞特商會了。有幾台車寄放在我們工廠。我心裡想慘了，同時火速地維修中的汽車開出市區。可是路上擠滿行人，所以我又折返了回來。在人群中穿梭當然驚險萬分，可是卻是我初次的開車經驗。對我而言這是無法取代的喜悅與機會。

亞特商會因為這次大地震引發的火災而付之一炬，我跟老闆一家人搬到神田車站附近鐵橋下。隔壁是食品公司的倉庫，我們就靠著這些剩餘的罐頭維生。

有空的話，我會騎著摩托車去變成廢墟的街上亂逛。有時我讓一些受困於火災又無法回鄉的人坐在摩托車的側座，載去板橋（東京都板橋區，池袋附近）附近，他們會包很多錢當作回禮。我有時會用這些錢跟農夫買米。我雖然有通知父母自己平安無事，但我每天還是很享受騎著摩托車到處亂晃的日子。

我們的維修廠原本有十五、六位工人，大家都回去鄉下了，只有我跟師兄陪著老闆一家人留下來。老闆包下不少芝浦工廠中被燒毀的汽車，開始維修業務。當時因為零件相當缺乏，現在回想起來簡直跟騙子沒兩樣，但我們還是將那些車子塗得跟新的一樣，然後調整一下車身重新組裝後竟然也順利發動了。最讓我們困擾的是輪圈。當時汽車的車輪大多採用木材輪圈，所以只要一遇上火災就燒毀殆盡。

對我而言，所謂的震災經驗，就是開車、騎摩托車兜風與學習維修技術。

3 麻雀變鳳凰

我在亞特商會持續工作了六年，留下各種悲喜交集的苦鬥與失敗經驗。

我從鄉下出來到東京工作時，沒帶多少零用錢，能夠去玩的也只有淺草。某一天休假，當我想去淺草玩時，師兄跟我說：「喂，我來教你怎麼免費搭電車，跟我來！」「你下車時，緊跟著我舉起你的右拳頭，大拇指往後比然後下車。」當我們抵達淺草時，師兄走在前面大拇指往後一比先下車了。我跟在後面照著師兄教的曲起拳頭的拇指也下車了。當我覺得過關時，車掌「喂！喂！」把我叫住。免費搭車計畫就這麼失敗了。這也是應該的，因為我後面已經沒有乘客。結果，我連師兄的車費都一起付了。

我對淺草的回憶是西瓜。那時去淺草吃點什麼是一種樂趣。但我也只吃得起路邊攤十分錢左右的東西。有一天，我剛領薪水，師兄跟我說：「今天有點錢，我們去吃中華料理。」就這樣我們去一家比較像樣的中華餐館。

當我們踏上二樓，首先映入眼簾的是一大盤西瓜，看來相當美味可口。我們想既然都已經擺在盤子裡了，當然是給客人吃的，於是，兩個人就不客氣地吃了起來。那個西瓜相當好吃，我們開始擔心「吃了這麼多，搞不好很貴」時，服務生進來說了一聲：「唉呀！你們吃了放在這裡的西瓜嗎？」我們問：「對啊，很好吃，怎麼了嗎？」後來我們才知道那竟然是用來「吸引蚊子」的。既然能夠吸引一大堆蚊子來享用，這個西瓜肯定好吃，但卻突然覺得胸口一陣噁心。後來我們叫的拉麵就難以下嚥。這真是一個相當丟臉的失敗經驗。

我們家原本是開鐵工廠與腳踏車行，跟機械比較有緣，而我也比較喜歡玩機械。因此，當老闆開始讓我修理汽車時，我技術學得就比別人快，進步也比較明顯。或許老闆也認為我可以獨立作業，所以，就開始讓我一個人去其他地方出差。

某一個夏天，老闆跟我說：「神田前面的九段有一輛車的齒輪有問題，車子無法發動，你去看一下。」我就騎著腳踏車前往現場，當我拆下齒輪看了以後發現，得帶回工廠修理不可。因此，就將沾滿機油的齒輪綁在腳踏車後面，哼著歌就趕回本鄉。黃昏時四周暗了起來，我沒有點亮車燈就這樣往水道橋騎去，突然，一個穿著白色衣服、戴全白的手套加上一把西洋劍的警察站在暗處，對我喊著：「喂！小子，等一等！」然後，拉住我腳踏車後面載的齒輪。

「騎腳踏車怎麼可以不開燈呢？你來派出所一下。」那位警察一看到是一位小夥子，就擺起架子來。當那個警察來到派出所較明亮的地方時，嚇了我一跳，他那身全白的制服與白色手套被沾著機油的齒輪弄得髒兮兮的。警察大發雷霆地說：「喂！小子，幹嘛載那種東西呢？」我就在他東一聲「喂！小子」、西一聲「喂！小子」的連珠炮中，狠狠地被教訓了一頓。

因為我遲遲沒有回去，所以工廠的人就雞飛狗跳地打電話或出去四處找人。老闆與師兄都認為我是鄉下人，所以可能是迷路了。

最後出去找我的師兄，終於看到派出所裡有一個金色流蘇的身影正在接受訓話，立刻上前道歉：「麻煩警察大人高抬貴手。」然後我們就這樣逃了回去。一般來說，當時的工作服都是穿些國外的二手貨，就像士官的軍服一樣，在一些地方點綴金色流蘇。當時，我

本田於亞特商會當學徒時，幫忙老闆榊原兩兄弟製造科蒂斯（Curtis）號賽車，比賽時也以機械師身分共同搭乘。大正十三年（一九二四年）十一月二十三日第五屆日本汽車競賽中榮獲冠軍。圖中為本田宗一郎，左側為亞特商會經營者榊原郁三，右側為賽車手榊原真一。

就穿著這樣的衣服。

當我十八歲時，老闆交代我去盛岡出差修理消防車。雖然我還年輕，可是這也表示我的技術受到信賴。我帶著喜悅加上勇猛的精神搭上長途火車前往盛岡，當我抵達時，那邊的消防隊長與其他相關人員都狐疑的看著我，一副「這個毛頭小子能做些什麼啊？」的表情。我完全被當成「嘴上無毛，辦事不牢」的小子，同時給我一間與女服務生為鄰的房間。然後，看著我不斷將消防車解體，擔心不已地說：「小子，這麼搞真的沒問題嗎？」

在這樣的情況下，默默作業的我在第三天以後終於將消防車組裝回去了。當我在發動引擎試運轉時，車子的引擎很順利的發動了。「喂！車子發動了喔！要放水了！」隊長等人看起來嚇了一大跳又吃驚的樣子，我當下也得意洋洋。本來瞧不起我的這些人的眼神，都突然變得尊敬起我來。

那天傍晚，當我回到旅館時，我的房間已經從女服務生隔壁被換到一間豪華的和室。這些人真是現實。早上我還被當個毛頭小子對待，一下子就被當做神來膜拜了。這樣三級跳的對待，反而讓我覺得非常困擾。還有女侍幫我準備酒杯斟酒。我從來沒有喝過酒，更何況還是女人幫我倒的酒，我拿酒杯的手忍不住喀答喀答地抖個不停。

我那時也還相當純情。現在回想起來，當初睡在女服務生隔壁的房間真是天時地利，當時沒有把握機會，實在很可惜。但是讓我有更深一層感觸的，反而是對於技術的感謝與珍惜。

當我回到東京，報告出差結果以後，老闆也替我高興。因為這樣我們老闆更加看中我的技術，而我也加倍努力工作。之後我在兵役的健康檢查時被誤診有色盲，判定甲等體格不合格，而在修車廠多待一年。

亞特商會的老闆榊原郁三先生是一位優秀的技術人員與經營者。他除了經營維修業務以外，也跨足活塞環的研發，稱得上是一位企業家。

當本田被問及「誰是你尊敬的人？」時，一定回答以前的雇主榊原先生。再者，亞特商會的維修業務中包括電動腳踏車（摩托車），這也有深遠的意義。當時，不管是汽車或者摩托車都是特定階層才能擁有的東西。而且，大部分是外國貨。但是當時日本進口的車輛有許多世界上各種大小廠牌的汽車比現在多得多，從量產車到限量高級車、跑車及讓人瞠目結舌的各種稀罕車輛。亞特商會受理各種汽車的維修。對於求知慾旺盛的本田來說，可說是一個絕佳的實習場所。

HONDA第二代董事長河島喜好曾說：「我常常覺得很驚訝，本田先生連這種事都懂啊！他對汽車引擎的知識實在既深又廣，而且又精通機械原理。他應該是在亞特商會實習與經營濱松分店時，利用現場、實物與實作，學會這些知識的吧？除了知識以外，從焊接到鑄造，不管什麼都是專家級的，只會紙上談兵的我，簡直不是對手。」

4 初生之犢的冒險——濱松分店

在亞特商會工作六年，基本上我已學會維修廠的相關技術、了解汽車結構與維修，同時也開一手好車。因此，我取得了老闆的信任以後，便出去自立門戶，就是所謂的「出師」。於是，當我二十二歲時，便在家鄉附近的濱松掛上「亞特商會濱松分店」的招牌，獨自經營汽車維修廠。

雖然「亞特商會濱松分店」的招牌響亮，但事實上，維修廠卻只有我與一個小毛頭一共兩個人而已，但是鄉下的父親卻打從心底為我高興，因此送了我土地與一捆米。

在我開業的時候，濱松只有兩三家維修廠。我那時雖然身為店長，卻才剛做完兵役的體檢。客人心裡都在想：「那個小子，能幹嘛？」所以生意相當清淡。但是，在我們經手了一些別人無法修理的汽車之後，名聲逐漸地傳開，甚至建立「沒有修理不好的汽車」的形象。我的維修廠就這樣慢慢步上軌道，那年的除夕夜，結帳後還剩下八十日圓。

對於二十二歲的我來說，第一年開業能盈餘八十日圓，真是開心極了。那時，我下定決心這輩子一定要存滿一千日圓。所以我就卯足勁工作。但是，最主要的還是我喜歡機械，手又靈巧，所以常常拿到什麼東西就改造、研究或創造，對於工作相當投入。而我又從中得到樂趣。

例如我曾提到在發生關東大地震時，當時的卡車或汽車的輪圈都是木製的。我注意到這一點以後，就想到研發鋼鐵的輪圈並取得專利，參加博覽會宣傳，沒想到獲得好評，甚至遠銷印度。

就這樣在我二十五歲的時候，我已經輕鬆地每個月賺一千日圓以上。二十二歲時的我，雖然發誓窮其一生也要存一千日圓，但我只花了幾年就達到願望，而且還是每個月都能賺一千日圓。維修廠的工人也增加到五十人，規模也逐漸擴大。隨著收入的增加，我也開始到處玩樂，完全忘了當初想要存錢的想法。我的個性本來就是屬於一擲千金型的。我認為，只要不造成別人的麻煩，自己的錢高興怎麼花就怎麼花。可以說，那種玩法相當海派。

我靠著年輕與金錢，叫了藝伎飲酒作樂，盡情喧嘩，帶著一群藝伎到處遊玩。我也因此雖然未曾拜師，卻自然而然地對各種歌曲都能哼上個兩句，有時甚至還會小露一手。

二十五、六歲時，我就擁有自用車了——那時稱為房車，當然全是外國貨，而且還有兩台；我常開車載著藝伎到處兜風。

有一次，我載著一位小藝伎去靜岡賞花。喝得酒酣耳熱還開車回家，在車上又熱酒來喝，就這樣一邊喝一邊開到天龍川橋。當我付了五十分錢要過橋時，沒多久開錯了地方，瞬間撞壞了二十幾根扶手，然後車子整個摔進天龍川；因為那時我根本喝醉了。

所幸那座橋並不高，車子在河邊就停住了，救了我們兩人一命。比較可怕的是當地報紙的大肆渲染，我心想：「又來了」。那是因為不久之前，我才與稅務署的人因為繳稅的問題大吵一架而已，我因為氣不過就拿水管沖稅務署。

那些四、五十歲的男人看我一個二十五歲的小子平常這樣闊綽遊玩，可能早就不順眼了吧？第二天，報紙頭條刊出「亞特商會老闆大鬧稅務署」大篇幅的報導。

我可受不了報紙再被寫成「亞特商會老闆帶著藝伎大鬧天龍川」。所以，偷偷地將小藝伎救出來，將她帶到橋上之後，塞了一點錢說：「不要讓人家發現，你自己叫輛車先回去。」可是，那位小姑娘就是哭哭啼啼不肯走。我問她：「怎麼了？」她說：「我的一隻木屐不見了。」

我說：「那種東西我回去再買給你。」想打發她回去，我頭一次深深感受到，女人對於自己的物品竟然那麼的執著。

就這樣，我的酒醉駕車與跟藝伎掉入橋下的事情都沒有被報導出來，雖然平安無事地解決了，卻還有後續發展。

我在第二次世界大戰時期創立東海精機公司開始製造活塞環，有一次，我與宮本董事兩人搭乘巴士去磐田工廠。當時我倆坐著，半途上來一位婦人背著小孩抓著吊環站著。於是，我起身讓位說：「來，您請坐。」突然間，我們互看了一眼，婦人說：「唉呀，您不是本田先生嗎？」我回說：「啊！您好，好久不見！」沒想到和當年陪我摔到天龍川的小藝伎又相遇了。沒多久，當巴士經過天龍橋時，她說：「就是這裡呢！」那天晚上，我不禁回想起往事。

但是，我身旁的宮本董事當然不清楚事情的來龍去脈。後來，他問我：「『就是這裡』

是什麼意思？」於是，長久隱藏在我心中的祕密，就一五一十招了出來，當我說著說著，忍不住捧腹大笑。

當時社區的青年團中有一個巡邏隊，在冬天時，負責從晚上十一點到凌晨五點深夜巡邏。每次輪到我當班的時候，我總是找來幾位藝伎，自己走在前頭敲著木板，兩旁則緊跟的兩位藝伎在寂靜無聲的路上大聲歌唱。家裡另外有一位藝伎熱著酒等我們回去享受。等我回到家以後，酒也熱好了，大家就開始暢飲。我的巡邏隊真的很壯觀。我們社區的大老們都說：「本田每次巡邏都帶一大堆人，讓人很放心，不過就是太吵了。」那也是事實。

二十七歲時，我結婚了。當時，我是自己開車去迎娶的。我太太娘家村子裡的人，都崇拜地說：「妳要嫁給司機先生喔？」那個時代有車子的人很少，甚至在說到司機都還會加個「先生」的稱號。我們的婚禮我也是叫了一群相熟的藝伎來助陣，而身為新郎的我則親自又唱又跳的表演有名的長曲《鶴龜》。從增田常務到所有來賓，都被這個場景嚇了一跳，但也無話可說的樣子。

但是，現在回想起來藝伎們有時也會有一些行動，讓我現在想起來嚇出一身冷汗。濱松每年五月有一個「章魚節」，有一次，我在那一天跟一位朋友去日本餐廳找藝伎唱歌喝

駕駛手工遊艇遊玩的景象。

酒，玩得不亦樂乎。當時我們跟藝伎都喝醉了，有位藝伎說話很不客氣。我跟朋友生氣地說：「踐什麼踐啊？」然後，將那位藝伎從餐廳的二樓丟出去。那時「啪！」地一聲爆出火花。

我伸頭往外一看，被我丟出去的那個藝伎身體纏到電線，電線就斷了，於是我們房間跟附近都一片黑暗。我開始緊張了起來。我突然酒醒了，立刻衝到外面。然後抓住藝伎纏到電線的腳，好不容易才將她救了下來。還好當時是五月，她穿的也不少，總算撿回一條小命，但是如果當時沒有被電線絆住，而是直接摔到路上的話，應該就沒命了。果真如此的話，搞不好我現在都還在吃牢飯呢！當然，也不會有今天的本田技研了。真正在千鈞一髮中得救的人，應該是我才對。

當時的那位藝伎，目前經營一家酒館，我現在看到她時，都還很不好意思。

我年輕的時候雖然四處作樂，但對我來說都很值得。在花街柳巷出入，讓我了解人性的另外一面，甚至可以說，我很喜歡藉此發掘人性。我喜歡的是中間那個部分，可以知道所謂人情的奧妙。如果說，我跟一般認真的技術人員有什麼不同的話，應該就是我這種原本的個性所致。給別人添麻煩或者拿別人的錢來玩樂當然不是什麼好事，但在年輕的時候，有個這樣的經驗也不錯，不是嗎？雖然我並不是鼓勵大家這麼做……。

我年輕時除了工作以外，還基於自己的興趣嘗試製造各種機械。本來我就喜歡接觸機械。我也曾招待年輕工人或藝伎搭乘自己做的電動遊艇，在濱名湖上奔馳。現在流行開遊艇滑水等玩法，我老早以前就玩過了，對我來說，遊艇根本是跟不上時代的娛樂了。

我趁空閒時製造的東西中，最讓我難忘的是競賽用的汽車了。當我還在亞特商會當學徒時，我們老闆很喜歡賽車（racer），所以曾讓我動手做看看。出身於鐵工廠的我，對於敲敲打打最在行了。所以我就利用下班後，晚上八點到十二點左右的時段，一邊流鼻涕、一邊做工。剛開始的幾台是利用砲兵工廠留下的賓士（Daimler-Benz）．奧克蘭（Oakland）

昭和十一年（一九三六年）全日本汽車競速大會上，發生意外的瞬間。本田宗一郎從翻轉的汽車中摔出。

的舊車殼上打造新車殼。然後，將千葉縣津田沼的航空學校不要用的柯蒂斯（Curtis）引擎加以改造，終於完成兩台賽車。這台賽車非常會跑，搶到第一名。基於這樣的理由，我在濱松時，只要一有空閒就持續研發。在製作過程中，我蠢蠢欲動地想實際試車。所以，就參加當時在東京多摩川岸邊舉辦的賽車大會。那是一趟從濱松出發的遠征之旅。我參加過幾次比賽，也得過幾次冠軍，算是相當活躍。

昭和十一年（一九三六年）七月，我三十一歲時，參加在多摩川舉辦的全日本汽車競速大會時。當我開著自己做的賽車快抵達終點時，時速已經超過一百二十公里。眼看著冠軍在望時，突然有一輛修理中的汽車從中間橫插進來。剎那間，我的車被撞得連三翻。我只覺得一陣子天翻地覆，然後摔出車外，重重地摔在地上又彈了一次之後，就昏過去了。

當我恢復意識，躺在醫院的病床時，覺得臉部激烈陣痛。意外發生後，我被救護車鳴著「偶伊偶伊」的警笛聲送到醫院急救。我左邊的臉頰被壓扁，左臂關節脫臼，手肘也斷了。坐在副駕駛座的弟弟也受了重傷，折斷四支肋骨。護士說：「你們兩人真的是命大。」到現在我左眼尾角也還有當時的傷疤。

那時我開的賽車是用福特汽車改造的，我飆出一百二十公里破了當時日本的記錄。雖然因為這個意外而跟冠軍擦身而過，但大會還是頒給我冠軍獎盃。這個記錄直到最近才被打破。人類真的是很奇妙，有些人時速三十公里的慢慢開車也會喪生，像我這樣高速的飆車卻大難不死。可以說，我的命是撿回來的。

【插曲二】

日本賽車運動的崛起可以追溯到大正時代初期。當時日本開始有摩托車大賽，然後開始流行汽車大賽。從一九二〇那個古老年代開始，日本國內的賽車活動就遠超出我們所能想像的興盛了。

除此之外，當時的汽車雜誌也讓人出乎意料地詳細介紹了海外自動車大賽的資訊。日本所有的賽車迷都知道曼島TT大賽（The Isle of Man Tourist Trophy Race）是世界最棒的二輪車賽；歐洲的GP大賽（歐洲大獎賽，European Grand Prix）與利曼二十四小時耐力賽（24 heures du Mans），則是最頂尖的汽車大賽；美國最大規模的比賽是印地五百英里車賽（Indianapolis 500 auto race）。當然，本田也知道這些事。

引領本田進入賽車世界的是亞特商會的老闆榊原。一九二三年，以榊原為首，加上他弟弟的真一、本田等幾位學徒，開始製造賽車。當本田還在亞特商會當學徒時，便幫忙老闆榊原兄弟製造柯蒂斯號賽車，比賽時也以機械師的身分坐在賽車手旁邊，獲得了一九二四年第五屆日本汽車競速冠軍。

5 與活塞環苦鬥

二十八歲時，我結束了生意興隆的維修廠，設立東海精密股份有限公司開始生產活塞環。為什麼我會放棄平順的維修業務，想要改行做生意呢？那是因為我的工人們一個個出去獨立門戶，但是汽車卻並沒有顯著增加，結果這一行變得很競爭。而我又最討厭這種情況。而且，維修業所做的就只有維修業務。不管我維修技術多精湛，也不會接到東京或美國的訂單。更何況從昭和十二年（一九三七年）發生盧溝橋事變以來，物資的管制變得嚴格，所以我就想要轉向不大需要材料的事業發展。這也就是推動我從維修跨向製造的動力。

然而，剛開始因為公司重要幹部的強力反對而遲遲無法決定。在這段期間，我深受顏面神經痛所苦，有兩個月以上的時間，都在跟醫生、打針與溫泉療癒打交道，根本無心工作，但是在這個期間有人幫我說服大家，所以公司總算決定換跑道。事情變化至此，說也奇怪，本來一直受顏面神經痛所苦的我，突然神清氣爽，連我自己都很驚訝。

然而，我們選擇轉換跑道的活塞環，卻不如當初想像中的簡單。我苦無對策之後，只好向鐵工廠的父親求教，他卻冷冷地回我一句：「你想半路出師當然沒那麼簡單，我看你還是去找一個工廠學幾年再說吧！」我只想到，自己做得出來、賣得出去，就馬上花錢購置機器，聘請五十位左右的工人，所以，只許成功不許失敗。

我與宮本董事每天都工作到深夜兩三點研究鋼鐵，弄得蓬頭垢面，頭髮長了，就把妻子叫來工廠幫我剪一剪，然後又繼續工作，每天都是累了就倒杯酒在暖爐的墊子上小睡片刻。我這一生中最集中精神、日以繼夜痛苦呻吟的時光，就屬這段日子了。我的存款也開始見底，甚至拿我老婆的嫁妝去典當。但是，我知道如果因此挫折的話，大家都會餓死，所以繼續努力。但是，工作還是毫無任何進展；當時的我，四面楚歌、走投無路。

那時，我才察覺到我的事業之所以無法有所進展的原因，是因為我缺乏鑄鐵的基礎知識。所以我就立即去拜訪濱松高工（目前的靜岡大學工學部）的藤井教授，請他指導一

昭和十年（一九三五年）左右的亞特商會濱松分店。站在左側「濱松號」汽車旁邊、戴著太陽眼鏡的是本田，左起第十五位為本田弁二郎。右側是當時相當珍貴的升降式修理台，那也是本田的發明之一。

下。他介紹濱松高工的田代教授給我，我請田代教授分析一下我自己做的活塞環，他說：「你沒有用到矽膠喔？」我還問：「非用不可嗎？」，現在回想起來，連這樣的基本知識都沒有就插手去做，只能說根本就是在胡搞瞎搞。當時，我想只有從根本基礎重新來過，才可能有所進展，於是拜託當時的足立校長，讓我在濱松高工旁聽。

這段時間，我身為一家公司的負責人卻根本沒有時間玩樂，過了一段相當艱辛的日子。然而，我們大家對前途懷抱著希望和夢想，一心想著只要做得出活塞環，一切就會變好。所以彼此打氣、互相勉勵，咬緊牙根撐下去。

經過一番努力後，終於在昭和十二年（一九三七年）十一月二十日成功製造活塞環。我們已經花了九個月以上的時間。這九個月相當辛苦，因為我們擁有了一大批工人卻沒有產品。

另一方面，在濱松高工旁聽的我當時開著達特桑（Datsun）汽車上學。老師們都走路去學校，而身為學生的我卻開車上學，所以，立刻就成為大家的話題。上課時，其他同學努力地抄寫老師所說的一字一句，但是，我滿腦子都是在研究活塞環與如何成功，因此，我都是一邊聽著老師的解說，一邊想著「我就是在這裡失敗的」，或者「要是當初這樣做就好了」，根本沒有時間寫筆記。遇到考試時，我就請假沒有參加。就在我升上二年級的某一天，我被學校退學了。

我去問校長怎麼一回事，他說：「我們不會發畢業證書給沒參加考試的學生。」於是，我不服氣地說：

「我根本不想要什麼畢業證書，我又不是為畢業證書來上課的，我是因為工作需要。有電影票能去戲院看電影，但是，拿著畢業證書就連電影也看不了，畢業證書連一張電影票都比不上，不是嗎？而且，即使拿到畢業證書，也並不保證一定有飯吃，誰要什麼畢業證書！」這一番刻薄的話語讓校長相當生氣。

即使被學校退學，但是，有一段時間我還是想去就去學校旁聽。如此一來，反而不用付學費，更不用認真聽課了。只要是工作上用得到的研究成果，我毫不客氣地完全吸收。這段時間的學習對我幫助極大，讓我打好基礎，知道如何思考事情；或者遇到技術問題時，應該採取什麼樣的解決態度。

雖然知道如何製作活塞環，但是，距離量產上市卻還有一段血淋淋的苦鬥。當時，我雖然設立一個研究室不斷的研究，然而，一旦要商品化就遇到挫折。我也有過很悲慘的經驗，就是為了應付豐田汽車的訂單，生產了三萬支活塞環，從中挑選五十支檢驗品質，卻只有三支合格。在這段期間，我就將這些產品賣給中小企業勉強度日。

資材的管制愈來愈嚴，也沒有水泥蓋工廠。於是，我就動手蒐集材料，稍微加工一下，然後自己和水泥，用這個方法做好工廠的地基。

漸漸地，我們的研究成果總算看到一點點成績，耗時兩年，總算通過豐田汽車的品質檢驗。

以此為起點，第二次世界大戰時期，豐田汽車又挹注了百分之四十的資本，我們擴展至一家資本額一百二十萬日圓的公司，正式生產活塞環。當時，豐田汽車派任石田退三（時任豐田汽車工會會長）擔任我們公司的董事長。

就這樣，到二戰結束前，我們就專門生產活塞環，而且，不只是汽車用的，其他像海軍船艦或中島飛機的零件也都接單生產。我特別用心的是，將活塞環的生產方式改良為自動化，以方便女性作業。這個經驗對於二戰結束之後，我們量產摩托車時大有幫助。

二戰期間，我也曾利用日本樂器製造螺旋槳，接下來，就有人委託我製造螺旋槳切削機。當時的切削機都還是手動的，一支螺旋槳大約要花一個星期的時間才能完成。如此一來，當然無法大量生產。於是，我想出一種削刀式的自動切削機。這個機器三十分鐘可以製造兩支螺旋槳，在當時是相當不可思議的發明。我受到各方矚目，《讀賣報知新聞》以「螺旋槳增產的凱歌、擺脫人工作業模式」這樣的標題大篇幅報導，我也受到軍方的表揚。

然而，昭和二十年（一九四五年）濱松發生大地震，我的工廠震垮了，機器也壓壞了。就在我修理機器的同時，第二次世界大戰也結束了。

6 轉進摩托車產業

第二次世界大戰結束之後，我們完全放棄生產活塞環。東海精機的股東豐田公司雖然曾經建議我們專門生產豐田的零件，但是，我斷然拒絕了。我就將自己所持有的股份全部賣給豐田，然後退出那家公司。在二戰時期由於礙於情勢，我只好聽從豐田的指示；但是，二戰結束之後，我就想放任自己大鳴大放。除此之外，GHQ（聯軍總司令部）發布解散日本財閥及工廠，大家都在謠傳豐田會不會在名單中，所以我就乾淨俐落地與豐田切割。

我用四十五萬日圓將東海精機賣給豐田。拿到錢以後我在想「接下來要做什麼呢？」卻遲遲找不到答案。在那樣混亂的時代中，心驚膽跳也沒有用，我就想到不如好好地觀察個一年再說，於是每天吹著尺八（日本樂器，類似洞簫）逍遙度日。

東海精機在磐田有一家酒精工廠，於是我就以一桶一萬日圓的價格大手筆買了一桶酒精。那時，二戰才剛結束，一萬日圓算是相當大的數目，但是，我大大方方把那一桶酒精擺在家裡，還自己調成私酒。三不五時招朋引伴來家裡享用。

當時，在磐田有一家警察學校，我受託擔任科學技術的老師，當然這是一份無給職。但是，對於當時無聊至極、不知如何是好的我來說，是再好不過的遊樂場所了。所以，就拿著我自己調製的酒到學校下棋或閒晃，現在想來實在非常囂張。

這段時間我沒有做什麼事，反而到處玩樂。那個時代，大家都在為糧食到處張羅，我就在濱松用電氣生產鹽，然後用一升鹽跟人家換一升米，然後很高興。我因為擅長技術，所以製造出來的鹽都比別人的鹽品質更優良。

當時我太太看我每天無所事事到處閒晃，不打算東山再起的樣子而開始擔心起來。他們擔心我是不是陷入戰敗的陰影中走不出來。但是，對我來說，我即使在玩也不是平白浪費時間，在我心裡，其實無時無刻都在想著接下來能做些什麼。

【插曲三】本田太太的說詞——

「他那時將東海精機的股份全部賣給豐田，然後就賦閒在家。他說：『真好，軍隊作威作福的時代結束了。我暫時什麼都不想做。老婆，現在要靠你養了喔！』他那時真的什麼事都不做。你想想，那時候正是最缺糧食的時期呢。除了我先生（本田）以外，我還有三個正在成長發育的小孩，所以我就在庭院種些菜，從我種田的娘家拿些米回來之類的。我先生他連庭院的雜草都不幫我拔一下。從早到晚就是坐在院子的石頭上發呆。附近都叫他『什麼都不做的仙人』。一到晚上，就把朋友找來，去幫他賣私酒的小酒店喝他自己做的酒。那個酒放了炒過的麥子與杉樹的葉子，喝起來有點像威士忌，這點倒是很像他的作風。雖然都是我在做，他只會出一張嘴，囉哩囉嗦地批評：『唉！麥子炒過頭了』之類的。然後，我聽到別人說『你老公做了製鹽機或者冰棒機』什麼的，他本人卻隻字不提。甚至連一撮鹽、一支冰棒，都不曾帶回家。」

我第一次接到的是編織機的訂單。當時正是編織業的黃金時期，以織物聞名的濱松只要擁有一台編織機就可以賺大錢。因為那時的日本很缺乏服飾。但是，那時的編織機用的

是水平往返式機型，缺乏效率。於是我想出改良成垂直型，速度更快、可以簡單編織大尺寸的迴轉式機器，當時我在濱松有六百坪（一千九百八十平方公尺）土地，其中有五十坪（一百六十五平方公尺）戰爭時被政府徵收當成疏散工廠，於是我買下那間的鐵皮屋，成立本田技術研究所。那是戰爭結束後第二年的事了。

然而，當時每天遊手好閒，也沒什麼資本，這個研發實在無法溫飽。所以我就放棄編織機，改為研究摩托車。我們附近有一些戰爭時軍用通信機的小引擎，所以我就便宜收購了過來，將它裝在腳踏車上在街上跑。

【插曲四】

昭和二十一年（一九四六年）九月某一天，本田去朋友家玩，偶然看到小型引擎。他在經營亞特商會濱松分店時，開計程車公司的朋友那裡偶然寄放了一個舊陸軍的六號無線通訊機的引擎。看到那個引擎以後，本田馬上靈光一閃。

這個偶遇在剎那間決定了他的未來，孕育後來的HONDA。本田原本就是汽車黑手出身，對於引擎再熟悉不過的了，而且還是一位發明家。他當時想：「就用這個當做腳踏車的輔助動力吧！」

腳踏車裝上輔助引擎的點子從以前就有了，英國早就商品化上市，在二戰之前，我也進口了幾台。其實，摩托車的起源，就是從腳踏車加上動力開始的。裝上輔助引擎的腳踏車接近摩托車的第一代原型。但是，雖然當時已經有電動腳踏車，但是在二戰之前並不普及。然而，二戰之後，日本國內的交通比二戰之前還更糟，大家都靠腳踏車代步。有些人還將東西堆得跟山一樣，根本是把腳踏車當成貨車使用。如果腳踏車裝上輔助動力，騎起來會輕鬆很多，大家都會受益良多。本田宗一郎認為，自己最擅長的就是發明出對於人類最有益又能賺錢的點子。他另外一個有名的故事，就是將家裡的熱水袋當做燃料箱使用，也是這個時期發明的。

「『老婆，你看我做出什麼東西了，你騎看看啊！』他帶了一台電動腳踏車回家。雖然他後來說得很好聽，是心疼我每天騎腳踏車去買菜，所以，是特地為我製作的，或許也有一點這個成分吧？可是，我想他真正的目的，應該是想知道對於女人來說，這輛車是不是也很好騎；說穿了，我就是他的實驗品。因為外面人來人往，所以，我就穿上最漂亮的工作褲試騎了。我騎了一圈之後，結果把我最漂亮的工作褲弄得一片油漬。我就說：『老公，你看，這樣不行啦！會被客人罵。』他聽到之後，並沒有一如往常地罵我：『吵死了！不用你管！』居然很反常地回答我：『嗯，妳說得也是。』」原來，把工作褲弄髒的原因，是化油器噴出的機油造成的。本田採納太太的意見，在這輛腳踏車上市時，已經完全改善這個問題。

這輛加裝引擎的腳踏車推出後，沒想到反應相當熱烈。最主要的原因是，當時公共交通工具一片混亂，不論是火車或者是巴士都是人潮洶湧，絕非現在可以想像，所以，各地的腳踏車行跟黑市都來搶買，業績一飛衝天。行情好到我原本囤積的引擎，也都用光了。

我本來就喜歡製作機械，事情演變至此，我想說乾脆自己動手製作引擎，所以就找了被炸壞不用的機械，修理後裝好並著手製造引擎。

資金方面，我很不孝地賣掉父親辛辛苦苦工作攢錢買下的林地。那時，家父還很認真地每天工作，做一些鍋子、飯鍋之類的鐵器，分給左鄰右舍。

當時，我做出來的引擎就是現在HONDA摩托車引擎的原型。真的要追溯起來，我之所以會對腳踏車產生興趣，是因為當時汽油短缺，無法盡興地開車四處遊玩；想搭火車或巴士，卻又擠得不得了。

我在腳踏車上加裝引擎，研發出所謂的電動腳踏車一炮而紅，剛開始，每個月只生產兩、三百台，最後成長到一千台。不少腳踏車行或者黑市業者，遠從栃木或岡山等地方跑來買貨。事實上，這輛腳踏車最適合騎去買米之類的，我也常常騎去我太太娘家。可是，也有人嗤之以鼻的說：「那種東西是給黑市的人騎的。」

不過，我在研發摩托車時，最不客氣或毫不吝嗇給予批評與意見的，是我的家人與朋友。有人提議：「接下來汽車應該會更普及，我們來開汽車修理廠吧。」可是，也有人反對說：「現在汽油這麼缺貨，誰要騎摩托車啊？」然而，我認為「汽油缺貨的時候，才更需要摩托車這種不耗油的交通工具。只要去藥房買揮發油（benzine）就可以發動了啊！」因此，就決定著手生產引擎。

剛開始我的工廠只有十個人，但我與舍弟弁二郎、現在身為本田高層的河島喜好等人同心協力努力打拼。河島先生從濱松高工畢業以後，就進入我的小工廠擔任機械製圖的工作。

【插曲五】

身為HONDA公司第二代董事長的河島喜好，於昭和二十二年（一九四七年）畢業後，就直接被本田聘用為技術人員。他的面試就坐在本田家中的暖桌（註：暖桌〔炬燵〕為一種取暖工具，一般使用於家中，在矮桌上鋪上棉被，桌下裝設電暖爐取暖。）進行的。

本田太太這麼表示：「我老公雖然說我們公司出不起什麼錢聘請剛畢業的學生。但是，河島先生卻說沒關係。」

河島回想：「嗯，正確說來是昭和二十二年的事了。那時候很難找工作。所以我就想有工作就好。只要我能做跟技術人員有關的，什麼公司都無所謂。我們老闆在濱松是出了名的技術人員，所以我就很想在他手下工作。而且我住山下町，就在老闆他們元目町的隔壁，走路只要五分鐘。也不需要交通費。剛開始的薪水是少了一點，有時候還送貨送得很晚。但是我吃家裡的，又是單身，所以也還好。現在回想起來，我很好運。老闆只跟我說：『那你明天來吧！』我輕輕鬆鬆地就找到工作了。」

他又補充：「也發生過這樣的事喔！有一天，老闆娘到山下工廠的辦公室來。我看到老闆娘來了，就問會計說：『怎麼了？』他回說：『老闆沒拿錢回家。老闆娘沒錢買菜，所以來借錢。』我們老闆認為員工的薪水比較重要，把太太跟小孩擺在後面，他就是這種人喔！」

話說回來，即使摩托車比較不耗油，但是，光靠配給的汽油也不夠用。第二次世界大戰時，日本國內對於汽油的管制相當嚴格，即使在戰後，如果使用配給以外的汽油就會違反物價統制令（註：簡稱物統令，為一九四六年三月日本政府為因應第二次世界大戰後國內的通貨膨脹，穩定物價與民心所頒布有關配給制的法令。）。因此當時汽油的取得相當不易。我就在想看有什麼辦法可以解決，當我注意到戰時飛機的燃料使用松根油時，就去買下整片松木林試著自製。然後將做好的松根油倒入黑市買來的汽油裡魚目混珠。因為松根油的氣味很重，所以如果我被抓到，就可以推說：「我用的不是汽油，是不受管制的松根油。」然後逃過取締。混合松根油的汽油因為味道很重，很難與一般的汽油相比，所以有些客人很不喜歡，但是，對於消費大眾來說，身處過渡時期，只要能用就好。因此，也有人遠從北海道或九州等地抱著現金來買。

話說有一天，我為了做松根油要在松木根附近挖洞，當我點燃炸藥時不知怎麼回事竟然起火，造成森林火災。一時之間火勢兇猛，整座山簡直要燒光了一般，我慌張地想在消防隊抵達之前滅火，否則後果不堪設想。所以，大家就拚命滅火，最後總算控制火勢。結果，受災的只有我自己的那座山，讓我鬆了一口氣。

但是，就在我忙著這些事情時，我開始想做摩托車了。因為，腳踏車即使加上引擎也跑不快也騎不久。所以，我就想製造鋼板比較堅固、馬力比較強的摩托車。因此，我集合我們研究所全部員工的智慧，於昭和二十四年（一九四九年）研發出夢想D型（Dream）機車。之所以取名為「夢想」，代表我對速度的夢想，在完成時我們只能喝私釀酒慶祝。經過十幾年以後，HONDA的員工已經擴增到五千人以上，成為一家年營業目標額一千億日圓的企業，在經營層面，我們也實現了夢想。當時為了借個五萬日圓都得東奔西走的我，現在輕而易舉地就可以借個十億日圓。

【插曲六】

對於改造引擎永不厭倦的本田，他第一顆經手的實驗品其實是失敗的。因為那顆引擎採用煙囪型汽缸，所以他就將它稱為「夢幻的煙囪引擎」。

本田只要想到什麼有關引擎的獨特或嶄新的點子，就會在工廠的地板上畫給河島看。一直到後來，本田還是習慣蹲在地上畫設計圖，這也成為他的嗜好之一。

「如果凡事在商言商，我們只要抄襲六號無線對講機的引擎就可以了。因為，至少在性能上沒有問題。但是從那時開始，老闆已經是那種個性了。他絕對無法忍受照著做，因為，他最討厭模仿別人了。」

河島根據本田的口述與大概的圖樣，想辦法畫成設計圖。後來，他一開口最喜歡問工程師的就是：「哪個部分是新的設計？哪個地方跟別人不一樣呢？」，那是因為，本田設計的第一顆引擎跟一般的引擎大不相同。

那顆引擎保留「煙囪」這個暱稱的特色，將活塞與汽缸頭設計為凸型，而突破傳統地改為中央式排氣方式，採用二行程；電動腳踏車從來沒有用過這樣的引擎，它的目的是降低二行程引擎的缺點，提高性能。換句話說，就是節省燃料的消耗，同時提高馬力。然而，這個引擎在沒有進入生產階段就結束了。因為當時的工作的精度、材料或者創意都不敷使用，研發過程太多波折。

結果第一顆商品化的引擎被稱為「本田A型」，採用正規的設計方式。這顆引擎推出後銷售順利，因此繼續提升為B型與C型。最後進化到D型，蛻變成真正的摩托車造型。一九四九年推出的大紅機身上標示著「夢想D型」的字樣。D型摩托車在路上相當醒目，幫HONDA的品牌做最好的宣傳。

HONDA摩托車的累計生產台數在平成九年（一九九七年）十月突破一億台。首先推出的摩托車，就是昭和二十四年（一九四九年）八月上市的夢想D型。這款象徵HONDA精神的摩托車，正是HONDA以摩托車製造廠為目標，終於夢想成真的證明。

7 前進東京，機型的躍昇

提起我們公司，大家常喜歡說「技術的本田、銷售的藤澤」，我認識藤澤武夫是在昭和二十四年（一九四九年）八月完成夢想D型的時候。

當時我們的摩托車相當受歡迎，幾乎供不應求。對我來說，沒有什麼比自己研發的東西受到大眾歡迎，而且對大家有用更高興的事了，所以我並沒有將經營放在心上。不知不覺間，我們成為一家月產量一千台的大公司，如此一來，我們的主要客戶都是一些小的腳踏車行、想趁戰後局勢混亂大撈一筆的黑市，或者退役軍人等相當不穩定的客群。當時，整個日本也處於動盪不安的時代，將這些主要客戶歸類於不穩定客群說起來有點奇怪，但是很多客人昨天還開門做生意，第二天要去收貨款時卻已經關門大吉，根本不知去處，所以即使出貨也收不到貨款。

如果這樣下去，我們反而會破產。正在我苦惱時，現在的常務竹島弘介紹藤澤給我認識。大戰時，竹島那時在中島飛機公司服務，看到我在東海精機做的活塞環，認為這個東西可行，所以就提拔我做為中島飛機的協力廠。

就在同一時間，藤澤當時也在一家以現在的標準來看，可以說是騙人的公司打工（切削機用的刀片），他也被中島給網羅，所以竹島認識我與藤澤兩人。二戰結束後，竹島轉去通產省（經濟部）任職，負責我那個產業的業務，所以他相當清楚我不斷研發新產品，卻收不到錢的窘境。於是他跟我說：「有關錢的事交給藤澤就好。這樣你就不用這麼辛苦，可以好好的專心研究技術。」就介紹我們兩人認識了。

我從以前在東海精機時，都抱持著我不跟自己同樣性格的人共事的原則。如果對方跟自己個性一樣，就不需要兩個人，我自己一個人就夠了。即使目的相同，個性不同的人能發揮自己獨特的看法，想出不同的路徑。所以，我始終認為不需要跟自己個性相同的人共事，反而我喜歡和各種不同的性格與能力的人合作。

關於我的這種看法，我常常覺得，一個在社會上打滾的人，如果不能和跟自己個性不同的人相處的話，就沒有什麼價值。世界上有些公司是由兄弟打拼出來的專斷獨裁經營。但是，所謂人才，就應該打開大門、廣納賢才，如果只侷限在家族經營，就會限制企業的成長。我認為，只要能夠好好地讓這家公司永續發展，本田技研下一任的董事長，甚至不一定要由日本人來擔任。

我完成了夢想D型之後，邀請藤澤負責銷售業務，第二年的昭和二十五年（一九五〇年）三月在東京設立營業所，做為我們進入東京市場的據點。我之所以考慮進軍東京，是因為像我這樣的男人在濱松那樣的鄉下，常常要忍受周圍的指指點點。我有時會繫個紅領帶，旁若無人地開車或騎車到處閒晃，到深夜一兩點才回家，左鄰右舍就會抱怨。對於一大早出門、深夜才醉醺醺回來的我來說，完全沒有任何感覺，但我太太卻受不了。

鄰居都說：「本田家的男主人最近常繫紅領帶，每天晚上又喝到很晚才回家，沒問題吧？」好像我在外面亂來似的。我認為，只要不造成別人的麻煩，我高興怎麼做就怎麼做；所以，不管別人說些什麼，依然我行我素。但是，老是待在這種地方，總有一天會窒息而死。我開始覺得無法盡情發揮自己的個性，也很難想出新的創意。於是，我想只好去更開放的地方，所以就計畫去東京了。

本田宗一郎（左）與藤澤武夫兩人在事業上攜手合作、築夢踏實。

昭和二十五年（一九五〇年）九月，我在東京北區上十條組建了一家工廠，摩拳擦掌準備大展身手。

所謂入境隨俗，在鄉下的時候，生活步調緩慢，我做出來的產品也比較土氣，流於粗糙。但是當我想到能在這麼刺激的大都會盡情工作，有一種海闊天空的感覺。所以我馬上申請要建設月產三百台的摩托車工廠，結果被通產省叫去問話。

他們訓斥：「怎麼可能生產三百台。你真的以為摩托車賣得了三百台？」「他要求提高汽油配給的事雖然有他自己的考量，但是，腦筋是不是有點問題啊？」同業也都批評得很難聽。然而，事實上當時的三百台現在已經成長到月產十萬台以上的規模了。當時如果我說十萬台的話，可能要被送進精神病院吧？

我就這樣在新的環境專心研究，改良原來的二行程引擎，研發出四行程的E型引擎，同時裝在夢想E型上，並且打算從東海道試騎到箱根進行試車。當天是昭和二十六年（一九五一年）七月十五日，正逢颱風來襲，我在強風豪雨中從濱松出發。機車手由我前面提到的河島喜好擔任，他騎著自己一手設計打造的愛車展開試車之旅。

我則開車（進口車）載著藤澤董事，從靜岡縣的三島口跟在河島的摩托車後面，但是他騎得很快，我怎麼也追不上。當時，很少有機車能夠穿越號稱天下第一險的箱根，但是夢想E型卻棄我們揚長而去，以極佳的速度一口氣飆上埡口的頂點。而且引擎完全沒有過熱。最後我們總算開到可以看到蘆之湖的山頂，而河島早已經在那裡休息等我們了，我們沉浸在感動中，在傾盆大雨中流淚分享喜悅。就連對於技術一概不感興趣的藤澤董事也下車，在颱風中全身淋濕，卻一動也不動。

這個戲劇性的一幕，為本田技研的發展畫下一個里程碑。從此之後，在機殼上畫有銀線的E型夢想號賣得非常好。當時擔任試車的機車手河島，之後也在三十四歲成為本田技研的重要幹部。

【插曲七】河島的回想——

「事實上，從很早以前箱根埡口就是我的測試路線了。我雖然很有自信自己可以騎上去，但是那一天老闆跟藤澤先生跟在後面，害我很緊張。如果我讓摩托車在藤澤先生面前出現引擎過熱的狀況的話，會丟老闆的臉。那時剛好遇到颱風，我沒有理會強風豪雨，用高速檔一口氣往山上騎，傾盆而下的大雨與水霧幫了大忙，我常笑說，運氣太好了，空冷變成水冷以提高冷卻效果。我當時是用高速檔騎上去，但因為就只有兩檔變速，所以用高速檔，也是想當然爾的事。仔細一想，那個引擎很耐操，是顆好引擎。大家都傳說當本田與藤澤開著別克趕到山頂與河島會合時，三人互相擁抱分享喜悅，那個聽起來有一點讓人作嘔。實際上，當時我穿著雨衣，淋得跟落湯雞一樣，所以別誤會，我們只是握手而已喔！」

8 借衣領獎

雖然夢想號因為E型引擎的完成而獲得更多好評，但當時的價格還是太高，不容易普及。於是我就開始想要怎麼做才能擴大市場。再怎麼說壓倒性廣大普級的還是腳踏車。我就想非得生產可以替代腳踏車的機型不行。

我以前摩托車用的引擎都是將第二次世界大戰期間，把軍用通訊機的引擎加以廢物利用，所以，引擎不僅重而且效率不佳。而這次腳踏車要加裝的引擎一開始就以改良這些缺點為目的，研發出小狼號（cub）引擎。白色的油箱加上紅色引擎，是我的創意。

我原本認為剛開始的設計一定得由藝術家來畫不可。但是，仔細想想好像也不一定如此。比方說，當我還在當學徒的時候，咖啡店的女服務生都流行穿圍裙，把頭髮撥在耳後，現在如果打扮成這樣走在銀座的街頭，因為太復古了，可能會讓人懷疑是不是腦筋有問題。總而言之，設計不同於藝術，不適用於過去或者未來都無所謂。只要針對現在的人宣傳就好了，不是嗎？

如果是這樣的話，我玩得比別人多，各方面都很有經驗。我在黑輪店，就像跳蚤或蝨子一樣，把臉藏在布簾後面，露出個屁股喝酒，自我陶醉得認為自己比一般人更能了解大眾的心理；所以，就這個意義來說，我開始覺得自己也可以設計。沒想到我設計的小狼號，意外地獲得好評。社會大眾雖然不會自己思考怎麼設計，但是卻能嗅得出什麼是好產品，擁有理解和篩選好產品的能力。

我即使在睡覺時也是滿腦子塞滿設計，不管多晚都會大聲叫我太太，馬上拿紙跟筆來。有一個冬天的晚上，我在床上想一些事情，但是，外面賣拉麵的喇叭聲很吵。我心想賣拉麵的也是在做生意，為了賺錢，不吹喇叭不行，我就叫我太太把他的拉麵全部買下來。這麼一來，我就聽不到喇叭聲了。

昭和二十七年（一九五二年）我因為發明小型引擎獲頒藍綬勳章。我申請的發明專利超過一百五十項以上，但聽到獲頒勳章時，笑說：「這些當公務員的也真是亂來。怎麼會選上我這種人呢？」因為勳章由天皇陛下頒授，所以，宮內廳就囑咐我穿大禮服來。我根本連一套西裝都沒有。怎麼會有什麼大禮服呢？但是我是去領獎的，我想沒有必要弄得這麼辛苦。所以就抱怨：

「開什麼玩笑！又不是只有大禮服才是禮服。對我們來說，平常穿的作業服就是最棒的禮服了。如果非得穿大禮服不可的話，那我就不去了。」負責聯絡的通產省職員相當困擾。他拜託我：「那我幫你準備好了，你當天一定要穿著大禮服出席喔！」

我本來只是想抱怨自己沒有大禮服，被他這麼一說，我就只好自己借來一套穿去參加。當天，我穿著藤澤董事幫我奔走借來的大禮服，質地硬邦邦的，然後就出門領獎去了。這是我生平第一次穿大禮服，但是，從當時拍攝的紀念照看起來，大禮服很合身，完全不像借來的。我朋友都笑說，我還滿適合這麼穿的。

藍綬勳章的頒獎儀式完後，高松宮親王在港區高輪的光輪閣舉辦一場晚宴。參加者都是一些老人，四十六歲的我是其中最年輕的一個。那時，高松宮親王轉向我說：

「本田，發明跟加工的工作很累人吧？」

我卻回說：「對於殿下可能如此，對我來說，因為這是自己的興趣，所以完全不覺得辛苦。就像俗語說的『只要一見鍾情，即使千里之遙猶如近在咫尺』一樣，別人眼中很辛苦的事，當事人卻樂在其中。我根本沒有想到，自己能夠因此獲得這個殊榮。」

那時，我不自覺地用「只要一見鍾情……」這個俗語來做比喻，但不確定殿下是否聽得懂。回家後，我跟太太談到這件事時，我太太以為我又故態復萌、有話直說，就狠狠罵了我一頓。我心想慘了，卻為時已晚。這個出乎意料的發展，著實讓我感到惶恐，費了一番工夫辯解著。日本從文化勳章開始，有各式各樣的獎章制度，或許是為了獎勵過去所做的貢獻，受獎者都是骨董級的老人，而且還嫌太多。如果頒給有未來性的年輕人，即使他失敗了，也是一種極大的鼓勵。如此一來，對於社會的貢獻反而是無法計量的。關於這點，高松宮親王也有同感，他看了一下出席者，然後開口說：

「怎麼都是些老骨董呢？應該多頒給一些年輕人才對啊！」

在場的各界菁英，大家都一臉不以為然的表情。我想，殿下在其他方面也一定是同樣積極進取，對於殿下的遠見，我打從心裡佩服。這次晉見以後，有時我在汽車或飛機上也有機會遇到殿下，但是幾年後在一個汽車展上再次遇見，他這麼說：

「日本的大官或一些大人物都鼓勵大家愛用國貨，但是，專門搭那些品質不佳的國產車，所以才把日本給拖垮。如果能夠大膽表明『我們不坐這樣的次級車』，相信日本廠商就會拚命研發，如此一來，日本的汽車產業也會更進步吧？」

這真是一針見血的見解。

最近，我跟殿下約十點在埼玉工廠見面，我想，提早十五分鐘到就行了吧？沒想到，我到工廠時，殿下已經獨自一人到場了。公司的人都嚇了一大跳，正在大家手忙腳亂的時候，剛好我也到了。「咦？殿下來了嗎？我們約的不是這個時間喔！」我這副德性的問他。殿下回說：「嗯，今天沒塞車，所以就早到了。」然後，大家就鬆了一口氣，卸下心中重擔。

這時，殿下一邊看著摩托車，以很遺憾的語氣回憶起往事：「小時候，我好想買一台摩托車，就從外國訂一些哈雷（Harley）、印地安酋長（Indian）或三槍（Triumph）的產品目錄來研究，但是，家裡就是不買給我。」我說：「那一定是你沒有出生在有錢人家裡的緣故啦！」他聽了之後，開始大笑了起來。

9 不景氣中的收款策略

大家都說本田技研的股票漲了好幾倍，很多人以為本田一直是一帆風順的發展到現在，但是本田也是歷經艱辛，度過企業存亡關頭才有今天的成果。

昭和二十六年（一九五一年）民間企業為了振興出口、管制進口，曾開會討論如何向政府請願，但是，我卻沒有出席那場會議。因為我對於利用政府的力量擴大出口、限制進口，採取這樣方便手段的做法相當反感。我認為，這些事情都應該是我們自己用技術來解決的問題。如果日本產品的技術水準夠好、品質優良，沒有人會想要從國外進口。此外，即使不大肆宣傳，國外的訂單也會增加才對。於是，我就決定親自實踐「良品無國界」這句話。因此，努力提高技術，研發世界性能最強的引擎，以防止其他競爭品牌進口，同時擴大外銷。

然而，光靠赤手空拳，根本無法做出品質精良的產品。雖然有「弘法不選筆」這樣的座右銘，但是，只是隨性寫寫字的話也許還說得通，但是，在目前這樣科技日新月異的時代，還是得相信「工欲善其事，必先利其器」這句話，用心選擇好工具才行。如果沒有可以配合的好工具表現創意，即使創意再怎麼好也無濟於事。一旦進入大量生產的階段，就更需要好工具了；於是，我就想一定要從國外進口好的機械才行。

當時的美援都提供給高級進口車、威士忌或化妝品等非生產性的消費品，跟生產相關的工具機卻幾乎沒有人進口。如果我能趁此機會進口工具機的話，即使將來公司倒閉，工具機也會留在日本繼續投入其他工廠的生產線運作。我帶著悲壯的心情，決定進口工具機，心想不論結果好壞，如此一來，至少不會浪費國家外匯。

我想，如果再繼續這樣下去，日本遲早將受到世界貿易自由化的大浪吞噬。因此，我面臨故步自封而跟不上世界的腳步導致自我毀滅，或者冒險進口新的工具機加入戰局的兩難；最後，我選擇了後者。在兩者都有風險時，我認為，身為經營者理所當然的任務，就是選擇一個至少有可能往前走的方法。當時，我們公司的資本額只有六千萬日圓，卻花了四億日圓從瑞士、美國或德國等國，進口自動轉盤等其他工具機。

但是，運氣很差的是，那時正逢昭和二十八至二十九年（一九五三至一九五四年）的經濟不景氣。而我那時進口工具機的行動，任誰來看本來就是風險極高的決定。所以，銀行也不肯借錢給我買貨；因此，我就用支票周轉的方式，用時間換取生存的空間，想辦法度過難關。我用的方法就是，產品出貨之後，馬上就去收款，然後拿這筆錢去還銀行的貸款。因為當時正值不景氣，所以，藤澤董事就如同標題所寫的那般，每天不眠不休想辦法籌錢。

既然頭都洗下去了，我想，唯一的辦法就是毫不畏懼地勇往直前。

在被一些報導嘲諷著「你們看，本田現在改走戰後派（註：après-guerre，指二次世界戰後，不受既有道德或規範約束的年輕人。）」的同時，一心只想趕緊把貨款收回來然後還清銀行貸款。當時，藤澤董事想出一個銷售方法，那就是出貨十幾天之後，就全部收回帳款。但是，百分之七十五是現金，剩下的百分之二十五是支票，不過，我們不拿盤商的支票，而是由客戶將自己的支票蓋上盤商或代理商的章然後送來給我們。我們現在的交易方式就是從那個艱苦時代流傳下來的。

我只專心生產可以馬上收得到貨款的產品，而藤澤董事則想辦法早一點收回貨款。公

昭和二十七年（一九五二年）十一月，本田宗一郎
決定進口工具機，啟程前往美國。

司員工同心協力、努力撐過這段不景氣，我們的努力，使我們找出資金能夠快速周轉的方法，養成我們不浪費時間的習慣。因此，可以說在這段上下一心度過難關的期間，打下本田技研成長的基礎。

一般來說，從外國進口的工具機在抵達日本時，公司或工廠的技術人員都會照著說明書（instruction book）一步步學習如何使用。但是，這樣一來，我就沒時間賺錢趕快償還銀行貸款了。因此，我事先將工具機安裝的地方整理妥當，以便機械一來到工廠就可以隨時運作。因為這些精密機械我們以前都沒碰過，只靠簡單的預習，根本派不上用場。但是，當我們硬著頭皮趕緊上手之後，對於我們日後提升生產技術能力大有幫助。

這個狀況並不僅限於進口，當我們從其他協力廠商購買零件時，都會事先設計好石炭的含有量等規格，如果進貨檢驗時不能馬上合格的話，就會影響工具機的運作時間。由於這樣的做法，出貨廠商的水準也跟著提昇了。

我們就這樣讓工具機維持在高度運轉的狀態，想盡辦法早一日還清銀行貨款。如此一來，讓我們公司上上下下對時間斤斤計較，養成大家珍惜時間的習慣。

昭和二十八、二十九年期間，我們公司因為進口工具機嘗試成長，讓藤澤董事吃了不少苦頭。因為我只負責技術研發，沒有感覺到當時的辛苦。他現在還會回想起當年的艱辛。他說，那時公司就像竹節一樣，竹子在溫暖的地方，竹節與竹節之間就會慢慢變長，一遇到強風大雪就容易折斷。但是，耐得住強風大雪的竹子，竹節的距離較短，竹子挺拔蒼勁、屹立不搖。他認為，對我們來說，昭和二十八至二十九年期間的辛勞，好比竹節正在成長的重要時刻，我也深有同感。

10 贏得國際比賽，獨占鰲頭

話說世界各國優秀的摩托車手，每年都會參加英國曼島（Isle of Man）的ＴＴ車賽（Tourist Trophy Race）一較高下。一口氣飆完四百二十公里，並不是一件簡單的事，能夠取得冠軍，是所有摩托車手的夢想與驕傲。所以，我也下定決心挑戰這個比賽，於是在昭和二十九年（一九五四年）三月，跟代理店的人宣布要參加這場比賽。

這代表兩個意義：第一，如果參賽者沒有一定的成績的話，絕對不可能從義大利或德國等國手中搶到國際的摩托車市場，也無法像我以前那樣先決定目標，提高技術水準來防止其他廠牌進口。第二個意義或許比較傷感，因為我想起古橋廣之進選手的活躍表現，為第二次世界大戰戰敗後的日本帶來一種朦朧的希望。

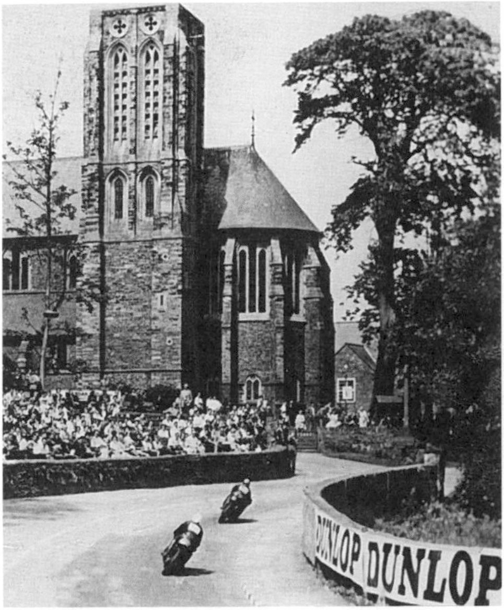

英國曼島TT大賽

在那個打破汽車車窗上下車的粗野時代，他創下世界第一的記錄，為日本國民帶來莫大的勇氣。我雖然沒有古橋選手那樣的體力，但我有技術。所謂技術，也就是利用頭腦取得勝利，應該會為日本人帶來極大的希望，對年輕人產生極大影響吧？因為那是一個生氣勃勃的冠軍爭奪賽，我就想只要贏得冠軍，就對外銷有幫助，讓日本人重拾自尊。

於是，昭和二十九年（一九五四年）六月我去英國曼島進行事前調查，當我實際看到這場賽車競賽時，嚇了一大跳。德國的NSU、義大利的捷雷拉（Gilera）等廠牌生產的卓越賽車，以驚人馬力在會場中奔馳。即使汽缸容量相同，他們的馬力也是當時我自己做的摩托車的三倍。我發現自己把話說得太滿了，我幾乎以悲觀放棄的心情，想說我的願望不知道什麼時候才能實現。

頭一次看到摩托車大賽的我雖然處於悲觀與驚嚇中，但我天生不服輸的個性讓我抬起頭來。外國人做得到的，日本人沒有理由做不到，因此，我想我應該去研究到底是怎麼一回事。所以，回國之後我就馬上成立研究部門。

這個時候我走遍英、德、法、義等先進的摩托車國家，將賽車用的輪圈（rim）、輪胎或化油器（carburetor）一股腦兒全部買回來。我那個樣子宛如自行車賽車手去旅行一般，在外人眼中一定很怪異吧？當我要回國時，終於在羅馬機場發生問題了。

我知道搭飛機時只能帶三十公斤的托運行李，超過這個重量就以公斤計價，而那個金額很貴，但是，我手邊的美金幾乎全都用來買摩托車零件了。所以我就在飯店辛辛苦苦地打包三十公斤的行李，輪圈與輪胎等自己揹，貴重的金屬就裝在法國航空給我的袋子裡，我想用這種方式過關。沒想到我一到飛機場，櫃台卻秤重我那個袋子的重量打算收費。那個袋子竟然有四十公斤重，我那時打完電報，通知公司說我今天回日本以後，身上就沒有

昭和三十六年（一九六一年），在西德GP（German Grand Prix）250cc組優勝的日籍選手高橋國光。

一分錢了。當下，我實在不知如何是好。

即使我跟他們抗議：「我來的時候都沒有秤重，為什麼回去的時候要秤重呢？」檢查員說他們是算總重量，一點都不肯通融。我雖然努力反擊：「如果是算總重量的話，那位太太呢？她胖到飛機的椅子都坐不進去。她比我行李總重量重得多，卻都過關了，不是嗎？」可是他就是堅持規定，絲毫不肯讓步。

如果我搭不上飛機就糟了。我想事態嚴重，不想辦法不行，我絞盡腦筋之後，只好在飛機快要起飛前，將超重的袋子清空。將放在裡面的大衣什麼的可以穿在身上的全都穿上，然後說：「這樣總行了吧？」這下子，就連通關檢查員都嚇了一跳。他終於說：「好啦，這樣就可以了。」雖然我很想質問他：「『這樣就可以了』是什麼意思？結果我的總重量還不是一樣？」可是硬忍了下來。七月二十日在羅馬的溽暑中，包得像肉粽的我簡直喘不過氣來。然後，通關後再想辦法在搭機前將我的物品裝回袋子裡。前一晚我在飯店花了一整晚用力硬塞才整理好的袋子，要重新裝進去並不那麼簡單。當時天氣又熱，我簡直要熱昏了，我從來沒有遇過那麼窘的事。

我之所以這麼拚命，完全是靠著想在ＴＴ大賽獲勝的念頭支撐。俗話說「羅馬不是一天造成的」，很奇怪的是，我卻在羅馬弄得汗流浹背。當然我千辛萬苦帶回來的零件，日後都有派上用場。

我回日本以後所成立的研究部門，是將以前分散在各個工廠裡的設計課集合起來，於昭和三十二年（一九五七年）六月，整合成一個研究部門，並且在昭和三十五年（一九六〇年）七月，另外成立一家獨立的本田技術研究所股份有限公司。我的出發點也是針對ＴＴ大賽，希望專精在摩托車的研發，結果昭和三十三年（一九五八年），我們研發出二行程一百二十五ＣＣ與四行程二百五十ＣＣ的競賽用摩托車。就這樣第二年的昭和三十四年（一九五九年）六月，我用二百五十ＣＣ第一次參加ＴＴ大賽，當時我是第六名。但是，第一次參賽能得到這個成績算是相當優秀的了。之後，終於在昭和三十六年我奪得TT大賽冠軍並獲頒最優秀獎，除此之外，在西班牙、法國、西德等國所舉行的各站冠軍爭奪賽也都獲勝，我總算達成當初的願望，實現我打造世界第一的摩托車的野心。

11 不輸歐美的研究經費

昭和三十四年（一九五九年）六月，我為了擴大外銷業績，因此在洛杉磯成立美國本田公司（American HONDA Motor）。當大藏省（財政部）許可我們五十萬美元的投資時，就有人建議派日本人去美國。理由是因為日本人比較有默契、好辦事，薪水又不高。但我卻反對這個建議。

去美國工作，卻不提供跟美國一樣的薪水，生意怎麼可能做得好？如果真要這樣，不過只是壓榨日本人而已。另外，派一些日本人到當地打造一個日本城，這也行不通。既然要去美國打拼，就應該聘用當地人，想辦法趕快融入當地才對。所以，先買下土地蓋工廠，埋鍋造飯式的經營，才是做好事業的正規方法。就這樣，目前派駐在美國的日本人只有五個家庭，另外，有一百五十位美國籍的業務員，公司的營運也很成功。

美國本田公司的成立，背後是有一個故事的。我曾經拜託一家有摩托車銷售經驗的商家當我們的代理店，幫我賣七千五百台。結果對方說：「這個數字不錯，應該賣得動。」剛開始我們的意見一致。但是，當我們談得深入一點時，開始出現歧見。在我追問之下，才發現對方以為七千五百台是一年可以賣出的台數，而我指的是每個月的銷售台數。「每個月七千五百台？絕對做不到。怎麼可能！」他毫不客氣一口回絕。這是因為，這個男人的腦袋被既有的摩托車概念所困住。事實上，美國從老早以前就有哈雷（Harley-Davidson）或印地安（Indian）等卓越的摩托車，但是，隨著汽車普及而逐漸式微。不過，現在美國對於摩托車的認知，已經跟以前不一樣了，目前幾乎已經看不到像以前那種注重實用功能的摩托車在街上亂跑，取而代之的是，摩托車已經一半帶有休閒性質，可以說，摩托車已經成為一種休閒用的交通工具。另一方面，目前汽車變成完全的運輸工具而不具休閒用途，交通混亂甚至造成開車族的痛苦。人們可以開車載著摩托車全家出遊，到目的地之後，換成摩托車騎到汽車開不進去的地方，或者騎車去釣魚之類的。所以，摩托車並不會因為汽車而失去市場，反而取代汽車原本的閒晃功能，成為新的休閒用交通工具。

現在的摩托車具備各種不同目的的構造、造型與性能，與以前的摩托車大大不同。為了擴大市場，還設計一些女性或小孩可以騎乘的設計。

因為這個事件，美國本田公司反而想透過沒有賣過摩托車的運動用品店或釣魚店等行銷，或在某州設立直營店。這樣下來摩托車銷路愈來愈好。結果想要賣我們摩托車的人突然增加，HONDA在美國的代理店目前已有五、六百家。現在每月生產的十萬台中，約有兩萬台摩托車，以三百萬美金的金額外銷，其中美國本田公司是我們最大的客戶。人類最怕因為成見而做出錯誤判斷，自斷生路。

昭和三十六年（一九六一年）六月，我們在西德漢堡成立歐洲本田公司，這家公司也跟美國本田一樣，只用了兩位日本人，其他全部是當地採用的員工。另外，那年正月我也派遣了一個七、八人的調查團調查前進歐洲共同市場（EEC，European Economic Community）的據點，結果，決定在離比利時首都布魯塞爾西方二十公里的地方建設工廠。在七月十八日施工許可核准以後，相關人員就前往歐洲，預計從昭和三十八年二月開始，每月生產一萬台。

比利時的工地，座落於歐洲共同市場的正中央。這對西德或義大利的業者造成相當大的威脅，而監視著我們，但我秉持「以思想領導技術」的方針。也就是說，先有自己的思想才有技術。例如，接下來的車主客層會有不同的喜好、體型或者規則，所以無法抄襲過往，需要有完全不同以往的嶄新設計與構造。

當我們在想比利時需要什麼樣的摩托車時，討論中發生這樣一件事。有人說，比利時空氣相當乾淨，所以機車不需要加裝空氣濾淨器時，我就馬上反對，並且改變設計把空氣濾淨器裝回來。

比利時工廠的施工費用，是為了要將比利時的錢賺回日本嗎？如果眼光這麼短淺的話，就會被比利時人唾棄，終究無法在當地成為一家成功的外資企業。既然要在比利時蓋工廠，那麼，就應該想辦法讓當地人先得到好處才行。如此一來，才能從比利時到荷蘭、盧森堡等荷比盧三國開始，逐漸外銷到歐洲共同市場的其他國家。此外，比利時在非洲也擁有相當的權力，我們也必須考量非洲市場。如此一來，就應該針對灰塵量比日本高的非洲設計合適的產品，也就是說，一定需要空氣濾淨器。這個部分就不是純粹靠技術，而需要思想上的指導。

我前面也稍微提了一下，昭和三十五年（一九六〇年）七月，我另外成立了本田技術研究所。所有的研究其實是一連串失敗的累積，因此，必須有一個體認，那就是幾乎百分九十九以上都是失敗的。如果這樣的研究機構將它放在以生產為主追求利潤的本田技研工業中，很容易就會被看成是拖油瓶。如此一來，就無法專心研發，所以，我才特地將它從組織中獨立了出來。

另外，還有一個原因是，如果將它納入生產流程中，凡事都要以組織為首，但是，研究所重視個人的能力發揮更甚於組織，這就會產生問題。所以研究所的性質當然需要與組織或工廠不同。

總而言之，本田技研提撥營業額百分之三（一年二十億日圓）的經費給研究所，然後，研究所將設計藍圖賣給本田技研當成回饋。如果因為研究所的疏失而造成本田技研損失，則由研究所扛下所有責任，這是我們在組織設計上與一般以培育博士自豪的研究機關最大不同之處。目前，研究所約有六百六十至六百七十位左右的研究員，每月經費高達一億八千萬日圓。我聽說各國的研究經費是這樣的，美國企業約提撥營業額的百分之三點一，西德為百分之二點四，而日本則是百分之一以下，倒是很敢花交際費。不過，我們公司沒有什麼交際費，但是研究經費卻絲毫不輸給美國。不，應該說，研究費中人事費所占的比例甚至比資材費還高，而日本的人事費比美國便宜，所以同樣花百分之三的經費，我們的投資卻遠高過美國。

昭和三十五年（一九六〇年）八月，我在三重縣興建鈴鹿製作所。前一年的八月，我與藤澤董事去拜會鈴鹿市市長，選擇不受強風豪雨影響的高台做為工地，然後預計一年後，工廠正式運轉。那家工廠與濱松工廠同樣是無窗、無塵、空調完備的環境。有些人或許認為高層的辦公室應該有空調設備，但生產線不必大費周章地加裝空調設備，但是，我認為對於塵埃如果採取這樣隨隨便便的態度，怎麼可能充分發揮技術？更重要的是，經營者必須為員工營造舒適的工作環境。

12 尊重理論風氣的上行下效

社會上都謠傳「本田宗一郎搖身一變成為戰後派」之類的流言，從外人的眼光來看，或許我的處境很危險；然而事實上，我的個性十分謹慎。其他公司都是先蓋工廠再投產，但是，我採取事先試做產品、評估市場之後，再一口氣量產。我在鈴鹿市的工廠也是一樣，先做出現在市面上賣的一百五十ＣＣ的超級小狼（Super Cub），然後評估市場的接受度，有信心在兩年半到三年的時間回本，同時根據各種資料反覆確認之後，才決定在鈴鹿市興建工廠。

比方說，我會選定兩、三個銷售地區做為樣本，將新產品集中在這些地區，檢討銷售成績。如此一來，我就可以預測出全日本可以賣出幾百萬台。我就是根據這樣的預測，才去跟鈴鹿市交涉工廠用地的。

那個地點原本是鈴鹿海軍工廠，是蓋工廠的最佳地點，但是在施工方面我與藤澤董事都不發表意見，只決定工廠地點。因為我對年輕人的創意與生命力寄予厚望，因此毫不猶豫地想將這個大事業委由他們來負責，指示他們集合所有員工的創意工夫，將鈴鹿工廠打造成一個典範。於是，我從各個職場中篩選出平均年齡二十四、五歲的員工。跟建築有關的就負責施工，技術研究所的人就負責技術創意，他們就根據各自的技能與所屬部門互相提出合適的點子，終於一個近百億日圓的大工廠平安無事的完成了。鈴鹿製作所是集合年輕人智慧之大成，也是我們的驕傲。

另一方面，為因應小狼號的量產，我也讓年輕員工絞盡腦汁提出各種設計方案，想辦法讓產品的成本降到最低。因此，當鈴鹿工場一開始生產小狼號時，一切都很順利，也大幅降低小狼號的生產成本。不過，即使成本降低了還是維持原來的定價，利潤也相對提高。如果連這樣都還不賺錢的話，公司一定是出問題了。如此一來，我們讓一座興建成本一百億日圓的大工廠，僅只花兩年半就回本。原本，我們會計對於工具機等資材費用，預期四年回本。

我對這些年輕人給予相當高的評價。如果讓我來評論的話，有些人會想「年輕人根本不知道怎麼應付戰後派」，但是，批評人家的人卻不知道自己的思想多麼迂腐。老人家如果不能反省自己以前的行為，或是捫心自問是否符合時代潮流，根本沒有資格批評年輕人。我的所作所為雖然看起來很反骨、像個異類一樣，但是，不論在什麼樣的場合，絕對是合情合理的。對我來說，十三號是黑色星期五或星期六，其實都跟我沒什麼關係，我絕對不會人云亦云。所以，尊重理論的風氣深植在我們公司內部。

尊重理論的風氣，在敝公司創立十周年慶也看得到。昭和三十三年（一九五八年），當時我們認為公司也不過才創立十年，不值得大肆慶祝；因為，如果一家快倒的公司或是乞丐因為硬撐十年而慶祝，其實是很奇怪的事。我的部屬跟我提議，如果真的想慶祝公司十周年慶，除非生產一兩種對於社會有用的產品，否則就沒什麼好慶祝的。

昭和二十七年（一九五二年），我的公司進口了上百萬美元的工具機投入生產線，這個外匯本來就是屬於是全體日本國民的。一旦我們用了寶貴的外匯，身上就背負了義務。我們想，只有在我們盡到這個義務，才有慶祝公司周年慶的資格，結果，昭和三十四年（一九五九年），當我們公司成立第十一年時，公司的外銷金額超過一百萬美元以上，我們在回收了當時的進口外匯之後，才整個租下新宿陀螺劇場，招待全日本所有的員工，盛大地辦了一場公司成立周年慶活動。

既然我們用掉日本國民寶貴的外匯，身為經營者的我，只要負責緊盯外銷業務，就不可能發生進口高於出口的入超，造成公司收支失衡的騷動。因此，我想說的是，當今日本的不景氣，其實是那些大公司的高層喪失經營理念所造成的後果。

最近景氣陷入谷底，日本一些代表性的大企業也需要調整生產結構，大家陷入一片苦戰。但是，現在才說要調整生產結構什麼的，實在已經慢了半拍。本田技研早在一年前的昭和三十六年（一九六一年）三月就厲行調整生產結構。當時，我們受到外界一些批評，但是，我還是按照自己的預測貫徹實行到底。這也證明了眾人眼中所謂「戰後派的本田宗一郎」，並不是胡搞瞎搞。

總而言之，我感受到受到美元保衛戰的影響，美國經濟開始產生變化，間接地也影響到日本，昭和三十五年到三十六年一月的大雪，造成日本國內三分之二的交通癱瘓。在這樣的態勢下，我們的業績一落千丈。所以我就想，在這樣的時候，更應該重新思考我們的生產結構。我們並非屬於接單型的企業，而是事先預測市場動向就投產的企業，因此，因應生產過剩而進行調整也是理所當然的事情；如果不趕緊想辦法調整腳步，那才奇怪。

但是，調整生產結構最麻煩的是，究竟什麼時候執行？如果在二月執行，離春天還有一段距離，代理店大多對市場的走向沒有把握；但是，如果選在春暖花開、景氣回暖的季節調整，代理商比較不那麼心驚膽跳。於是，我就選在二月執行調整生產結構，霸氣地硬幹下去。進入三月，就開始貫徹執行。當時，決定的這個時間點，我是考慮到代理店的立場所做的決定。

於是，我決定花五天的時間進行調整，那時距離實行日還有一個月的時間。這個期間該採取什麼對策呢？因為我們公司因為急速增產的關係，當時工具機或零件很明顯地出了一些狀況。再加上承包商的水準不同，也會影響良率、精度與價格。所以，我就趁此機會重新檢討，我們公司內部事先研擬一些對策，以便在這五天的調整期中，找出這些不合理的現象。

然而，調整生產結構並非指工廠放假，而是大家針對平常覺得奇怪的地方徹底修正。於是，我們改變工具機的裝設位置，加以保養之後重新運轉，如此一來，我們的品質比以前更好、成本更低。此外，一般的公司習慣在景氣大好時追加產能，但是，我們希望即使工廠停工，也不會影響下游廠商的生計。

透過這次調整生產線，我們重新調整的公司體制，在各界哀嚎「景氣不好」的悲觀氣氛中，我們公司卻增加產能。就像人家常說：「射箭的訣竅，不在於發箭快，而在於拉弓快。」若非如此，就無法有萬全的準備面對下一個敵人。口中喊著調整結構，但是，卻礙於面子無法及時因應景氣變化。一旦走投無路時，想要改弦易轍恐怕為時已晚。

這就好比鄉下有錢人家坐吃山空時一樣，首先，偷偷摸摸變賣窖藏中的寶物。接下來，變賣遠一點的田地。最後，礙於左鄰右舍的眼光，不好意思一下子賣光房子，所以就先抵押。因此，那個經營者就會像個傻子般，當生產金額無法支付利息只有放棄時，就會窮到只剩下負債。

這樣愚蠢的經營者看起來不少，天下太平的時候，經營者都用與從業員一體同心做為擋箭牌，一遇到問題，就像以前的軍隊一樣，號稱說要轉變路線什麼的，其實只是找藉口而已。我常說，員工才是經營者，因此，他們有權利與義務參與經營。當需要調整生產結構時，就應該讓大家了解實際狀況與商量今後的對策，公司上下同心協力克服困難。我覺得，這才是真正的勞資一體，不是嗎？

以上就是〈我的履歷書〉，這時候，我還是五十幾歲的中年人。真正的履歷書，從現在開始寫起都還不嫌晚。說起來，這個手札比較像我人生旅途中的一個里程碑。但是，從一個實業家的立場來看，我覺得自己事業的發展過程有點粗糙。所以，我希望從感性的一面寫些自己的感想做為結尾。

雖然我常被人說是「戰後派實業家」什麼的，但是，我既不是戰後派也不夠前衛。所謂事業，當然需要世人的支持；而且，還需要非常熱愛產品的車主、提供意見的親朋好友，危急時全力支持的銀行、協力工廠、銷售店，還有年輕員工等，做為發展事業的後盾。

首先，我認為公司經營的根本是平等，不應該有上下的區別，也應該注意不要有差別待遇。因此，我絕對不會把員工叫來自己家裡。家是一種城堡，城主是太太。當高層主管習慣將部分員工叫來家裡時，就容易形成派系，派系終究會成為公司營運的癌細胞；因此，同校、同鄉等各種派系根本不值得鼓勵。話雖如此，我們公司也有一個派系，那就是「小學派」，只要是日本人，都受過小學程度的國民義務教育，所以，每個人都是小學派。因此，不管怎麼看，都不會有人對於小學派有怨言。

有些人喜歡說我是陣頭總指揮，但是，董事長是由董事會選出來的，遴選過程也受到大家監督。董事長的職責，是發生突發事件時能夠圓滿因應，如果憑一己之力無法因應時，需跟高層幹部討論，找出合適的解決對策。如果連這樣都無法順利做得到的話，根本無法坐鎮。因此，我不常在公司出現，連董事長的印章是圓是扁，都弄不清楚。

我比較喜歡在研究所裡混，而且這樣對公司是有幫助的，有些人建議我不妨打打高爾夫抒發壓力。對我而言，紓解身心壓力最好的方法，就是在機械和工具堆裡摸東摸西。

這篇自傳在《日本經濟新聞》連載時，我收到各地讀者的來函。其中有激勵、有建議、還有失聯已久的老友，不管是自省或懷舊，都給我一個靜觀自照的機會。

有些年輕人可能因為我發表看好景氣的一些言論，而將我視為唐吉訶德般的現代英雄。其實，我並不介意大家從我這裡吸走滿滿的能量，但是，我從不認為自己是英雄。對我而言，所謂的英雄，並不是過去那種為大眾犧牲，成就某種大事的人，比方說，西鄉隆盛雖然是日本的民族英雄，但是，我卻很不滿意他最後的行為；因為不管是什麼理由，他總是犧牲了上萬條青年的寶貴性命。

我曾收到東京世田谷K女士的來信，她說三年前，開始經營重度精神障礙兒童的收容設施，讀了我的奮鬥手札之後，下定決心要擴建，這封信深深打動了我。我從來沒想過，自己回憶錄竟然產生這樣振奮人心的效果，實在令人相當感動。我認為，這位K女士才稱得上是真正的英雄。

另外，我想說的是，其實我的生活方式雜亂無章，經手過的這麼多事業中，真正成功的不到百分之一，其他百分之九十九都是連續的失敗，然而，僅僅百分之一的成功，造就了今天的我。正因為有那些失敗，所以，我永遠不會忘記我曾打擾驚動到的人們。

一個人的成敗，蓋棺才能論定，再以西鄉隆盛為例，撇開他是否真的偉大，我對他的成就抱持很大的疑問。不論是二輪車，四輪車或飛機，我對研發的夢想永無止境，但是，不到最後關頭，誰也無法論定成敗。就像飛機，也有可能在快要降落的最後關頭出事，一旦造成大家的困擾就前功盡棄了。人的一生，一定有功有過，我想，在我死後所受的評價，才應該是我真正的「履歷書」吧？

第二部

其後

（一九六二年—一九九一年）

1　波濤洶湧的十年

俗話說：「蓋棺論定」。世人的真正評價，要到當事人往生之後才說得準。

在本書第一部的連載中，本田宗一郎也用「在我死後所受的評價，才應該是我真正的『履歷書』吧？」做為結尾。他還寫道：「我還是五十幾歲的中年人。真正的履歷書，從現在開始寫起都還不嫌晚。」

前者是他的自我提醒，後者則是以經營者的身分帶著一點意氣風發，暗示他內心所隱藏的野心與自信。而且，他的自我警惕，讓他以杞人憂天的態度築夢踏實，進而成功實現野心。

當本田宗一郎「蓋棺」之後，世人對他推崇倍增。

〈我的履歷書〉從昭和三十七年（一九六二年）八月起在《日本經濟新聞》連載，他當時五十歲。而他在六十五歲時辭去社長職務，從經營的第一線退隱。這中間的十年，對本田做為一位企業家而言，是一山過一山、波瀾萬丈的階段，可以說是波濤洶湧的十年。

接下來，就讓我們來追溯他寫完〈我的履歷書〉之後的十年……。

進軍四輪車市場

一九六二年，日本正值第二次池田內閣的時代。當時的日本搭上高度成長的軌道，人民生活富足。公司開始實施周休二日制，帶起休閒風潮。一九六二年三月，NHK電視台的收視戶突破一千萬台，普及率高達百分之四十九。而東京的人口也超過一千萬，十二月從京橋到芝浦間的首都高速公路一號線開通，東京都內因大量的廢氣而引發空氣汙染的問題。

當時雖然也曾因岩戶景氣（註：指一九五八年六月到一九六一年十二月日本戰後第二次經濟發展的高潮。）的反彈，使得社會一時陷入景氣不佳的狀況，但是本田技研工業（以下簡稱HONDA）卻在第一時間決定「調整生產」，調整姿勢以便跳得更高。

他們選擇的路線就是四輪車，亦即進軍自用車市場。

本田在第一部中，曾將這件事用「這是自己未來的夢想」一句話輕輕帶過，但事實上，這時他卻已經準備周全、蓄勢待發。一九六二年，不論是對本田或者日本汽車業來說，都是一個重要的里程碑。

「我小時候常常跟在T型福特後面追著跑，將滴到地面的汽油抹在鼻尖、用力地聞著，濃烈的汽油味刺激著我，才造就我今天踏入汽車製造業的原因吧？」本田在一九八九年十月如願進軍美國汽車業界後如此表示。

在一九六二年六月「我的履歷書」連載前的兩個月，本田在當時還在施工的鈴鹿賽車場（Suzuka Circuit）所舉行的經銷商大會中曾親自上場表演。那是一輛大紅車身配上白框輪胎的敞篷車。他親自駕駛這輛剛完成的輕型四輪跑車S360，英姿煥發地從主席台前飛馳而過。

當時會場掌聲如雷。當天也同時展示了輕型四輪卡車，HONDA公司藉此機會向相關人士宣傳他們從二輪轉進四輪的決心。本田朝思暮想的四輪車市場終於揚帆出港了。

在此之前，日本政府曾於一九五五年計畫協助國內車廠推出：「承載四人、時速一百

昭和三十七年（一九六二年）第九屆全日本汽車展所展示的S360，當時的攤位人山人海，擠得水洩不通。

公里、售價二十五萬日圓」的國民車。本田為研發四輪車，遂於一九五八年在本田技研所成立相關部門。被選派的七人小組中有些是來自外部的，具有飛機或二輪車經驗的工程師。

他們負責打造輕型的四輪國民車。一九五九年完成第一台實驗車款，正當他們反覆測試時，本田指示他們嘗試做看看跑車。當時本田盤算著，他們拿的是政府的補助，與其跟在既有的廠商後面跑，倒不如先研發世界通用的跑車，還比較實在。

副社長藤澤武夫根據當時市場的需求與HONDA的實力，主張公司應選擇現實路線，先從輕型四輪卡車切入。因此，研發部門便四輪卡車與跑車同步進行。

本田的態度也相當謹慎，他認為（一九五九年）：「就各方面來說，研發汽車時如果沒有絕對的自信與核可前，不宜趕鴨子上架。」然而，有關汽車的競爭情勢卻遠比他們想像中來得緊迫。

與通產省對抗

日本通產省（即經濟部）有鑑於貿易自由化為時勢所需，於一九六一年五月發布汽車行政之基本方針（即後來之特殊產業振興臨時措置法案）。

通產省將國際競爭力較弱的汽車業、特殊鋼鐵業及石化業列為特殊產業，宛如面對幕府時代末期國外黑船來襲般，由政府指導業者如何因應自保。在汽車業方面，除限制新廠商加入自用車的生產以外，同時集合現有廠商控制過度的削價競爭，以提高量產。

具體而言，從一九六三年日本開始實施自由進口貿易以後，日本政府為加強國際競爭力遂將汽車公司分為①量產組：豐田（Toyota）、日產（Nissan）、馬自達（Mazda）；②高級車、跑車、柴油車等特殊組：普林斯（Prince）、五十鈴（Isuzu）、日野（Hino）；③輕型汽車組：富士重工（Fuji Heavy Industries）、馬自達。此外，想加入汽車製造業的企業需獲得通產省的許可，算是一個限制嚴格的產業政策。

這個政策因為以整合日本國內既有汽車廠為主軸，因此，所謂新廠核可制度也就等於「拒絕新廠的申請」。因此，HONDA公司需趕在法案通過以前做出成績，否則就將永遠失去進軍四輪車業界的機會了。

「什麼叫做拒絕新廠的申請？公家機關憑什麼這麼做？」

本田於一九六二年一月下令研究所生產跑車。同時要求趕在六月份鈴鹿賽車場落成大典前完成。所有同仁靠著年輕力壯，不眠不休地趕工，總算在落成大典前一天完成重任。

紅色的堅持

當時日本國內只准許消防車、救護車或警車使用大紅或純白的顏色以利區分。然而，喜歡出風頭的本田，卻把技研所的研發課長秋田貢叫來，大著嗓門指示說：「這次我們研發的車子給我塗大紅色的！」

「老實說，我當時真是嚇出一身冷汗。」秋田回憶著說。

從那天開始，秋田便去運輸省（即交通部）申請紅色的使用許可。「負責的窗口根本不理我。害我回公司的時候腳步沉重，都沒有臉見社長。這樣的情況持續一段時間以後，社長透過《朝日新聞》的專欄發表言論：『紅色是設計的基本原色。我沒聽說過世界上哪個一流的國家會去獨佔顏色的。』」

好不容易相關單位核准紅色的申請，秋田去報告時，本田卻是淡淡的一句：「喔，是嗎？」本田並沒有如往常般誇張地誇獎他。事實上，對本田來說這個申請只是小意思。他想要進軍四輪車，要挑戰的是揮舞著「國家利益」與「國家政策」大旗，握有巨大權力的官僚體系。

於是，努力向社會宣傳新車研發實績的HONDA，與故意不當一回事的通產省便展開一場角力戰。

角力戰

當年美國正逼迫日本政府開放汽車、電腦與ＩＣ（積體電路）的自由化貿易。因此，日本政府將汽車行政的基本方針彙整成「特殊產業振興臨時措置法案（簡稱特振法）」，並於一九六三年三月通過內閣決議交付國會表決。

負責此法案立法且致力推廣的是一九六一年到職的通產省企業局長佐橋滋。早在佐橋擔任部長祕書處祕書課的時代，對於人事安排便勇於突破傳統慣例，當時他已嶄露頭角，又面面俱到，因此成為通產省的第一把交椅。他在通產省形成一個敵視外資的民族派，他不同於一般政府官員，手腕厲害，算是一個異類。他推出官民協調路線以凝聚日本國內企業的力量，加強國際競爭力。

本田天生反骨、厭惡管教。他因為跟軍需工廠打過交道，因此認為完全仰賴軍隊保護絕對無法改革或有新的創意。他發下豪語：「現在又沒有戰爭，我幹嘛為國家奮鬥？我要全心全力為自己的汽車事業打拼。」

他根據自己的摩托車獨佔世界鰲頭的經驗，抱持與特振法相反的看法：「企業只要一給政府介入就會變弱。面對自由化貿易最好的對策，就是自由競爭。即使限制其他企業加入生產，也改變不了『良品無國界』的事實。產品夠好就賣得出去。開放自由競爭，才能讓企業成長。」

「本田先生只要一有機會，就透過報紙記者向通產省喊話，漸漸地，連佐橋先生也有耳聞，因此，本田先生的一舉一動也刺激了佐橋先生。」佐橋的舊屬、前重工局長赤澤璋一如此回憶。

另一方面，本田曾在電視節目上回顧當時的主張：「終究我就是無法認同，所以才會有那麼大的反應。我就很不客氣地罵說，特振法算老幾啊？我有我去做的權利。規定既有的車廠才可以生產，而我們就不行，這是什麼法律啊？什麼叫做自由？誰能保證一個龐然大物會永遠強盛？看看歷史就知道，新的勢力向外延伸是一種必然的趨勢。如果那麼想要整合（合併）大家的話，乾脆通產省自己來當股東，在股東大會上指東道西就好了啊！我們是一家股份公司，政府的命令是無法叫得動我的。」

一九六二年十月，在東京晴海舉辦的第九屆全日本汽車展湧進百萬人潮，象徵日本汽車風潮（Motorization）的來臨。在這次展覽中，HONDA首次展示各兩種車款的四輪跑車與輕型卡車。

第二年該公司推出「HONDA跑車500價格猜猜猜」的促銷奇招，共募得五百七十萬份有獎徵答。HONDA揭曉的價格出乎大家預料的只有四十五萬九千日圓。這是該公司意識到通產省握有生殺大權，故意做的一場示威活動。

HONDA因為特振法的實行，勉為其難地加快他們進軍四輪車市場的計畫。然而，在本田的裝腔作勢與勢如破竹的售價中，HONDA的生產技術或量產設備、銷售面等的體制卻尚未成熟。S500與卡車雖然如預期般在十月上市，但跑車卻幾乎沒有動靜，而搭載跑車引擎的卡車也乏人問津。

另一方面，特振法雖曾三次提給國會審核，但因為金融與產業界排斥管制而反對，加上獨占法案有各種顧慮，使得該法案胎死腹中。其後，佐橋轉任專利廳廳長，一九六四年榮升通產省事務次官。他與通產省部長三木武夫一搭一唱，但因為他很強勢，而被外界議為「佐橋部長、三木次官二人組」。

佐橋於一九六六年退休，當時他誇下海口：「我退休後不會參選國會議員，更不想拿人薪水當高層主管。」他也討厭以退休為名當肥貓養老，所以，雖然他享受了三年閒雲野鶴的生活，整日埋首在書堆中，直到一九七二年才又擔任第一任休閒研發中心（現之自由時間設計協會）理事長，回到職場在第一線奮鬥，為日本「工作狂」的上班族啟蒙。

本田vs.佐橋

本田與佐橋兩人的思考方式雖然南轅北轍，但都屬於勇往直前的衝撞型。他倆的共通點是個性鮮明，後來都成為書中的主角人物。

當佐橋於一九六六年擔任次官時，美國逼著日本政府規定市面上不准販賣未符合安全標準的車輛。針對這個問題，代表汽車工業的川又克二（日產汽車社長）與代表小型汽車工業的本田意見相反。當時本田也堅持己見，讓通產省在協調上煞費苦心。

佐橋很生氣地說：「在這個節骨眼上，跟美國談判就夠頭痛的了，本田來搗什麼蛋啊？」重工局次長的赤澤擔心事態嚴重，於是便建議本田：「這樣下去不是辦法。我看，您跟佐橋先生見個面比較好。」因此促成了王見王的局面。

本田挑選了赤坂的一家高級日本餐廳當做見面地點。本田一開口就說：「如果您肯讓我生產四輪汽車的話，我一定打造出一家世界一流的企業給您看。一家比豐田或者日產更厲害的公司喔！」

一臉不悅的佐橋說：「說什麼大話。不好意思，我先失陪了。」然後拂袖而去。

在場作陪的赤澤與HONDA幹部趕緊打圓場，佐橋才又悻悻然的坐了下來。本田或許覺得自己太超過了，於是在大家「唱首歌來聽聽吧！」的簇擁下唱起歌來。後來佐橋回想說：「他的歌聲很有味道，唱得還不賴。」

「第二天，本田先生有點在意的樣子，打電話來道歉說：『昨晚做得太過火了。赤澤先生，請您幫我跟佐橋先生道個歉吧！』當我轉達以後，佐橋先生也說：『我也不對』，看起來雙方都有點在意的樣子。」赤澤回憶。第一次見面就吵架的兩個人，不打不相識，之後在宴會等場所碰面時卻變成好友。

2　挑戰Ｆ１

賽車之夢

「不參加比賽的車子怎麼會是好車？只有在觀眾面前激烈競賽，才是成為世界第一的王道！」

本田宗一郎對於賽車的狂熱，隨著他進軍四輪車事業愈加強烈。一九六四年一月，HONDA宣布他們將參加Ｆ１的世界選手賽。

Ｆ１是Formula One的簡稱。一般Ｆ１指世界選手賽，而F1 Machine則為賽車之意。Formula指競賽規則或規格，意謂四個輪子露出車體之單人職業賽車。

為確保高速奔馳的賽車安全，賽車規則（Regulation）幾乎年年修訂。目前，F1的規定比賽車輛需採用十二汽缸引擎，用自然吸氣式引擎取代渦輪增壓（turbo）引擎等過給器，且排氣量三千CC以下。

汽車大賽早在十九世紀末期即已流行，而F1世界選手賽的模式則始於一九五〇年。目前在歐洲、南美與日本等十六場比賽左右的冠軍爭奪賽（GP）由國際汽車聯盟（FIA）旗下組織之國際跑車連盟（FISA）主辦，採取點數制，根據賽車手與賽車製造手（constructor）的年度總和決定名次。

各個GP大賽分為官方預賽與決賽兩種，在官方預賽中單圈（lap time）成績最佳的賽車手可在決賽時取得最有利的位置，稱為pole position（意即出發時最有利的，最前排靠近內側之處）。決賽路線的一圈約三到七公里，賽車手根據所需更換零件或輪胎，然後繞著決賽路線跑個三百到三百二十公里。最高時速可飆到三百五十公里。因此，關鍵在於車廠的先進技術與賽車手的體力與技能，是一種卓越且現代化的賽車運動。

一些汽車老廠看著前年才加入業界、剛推出小型賽車與輕型卡車的HONDA，竟然要挑戰賽車運動的最高峰，大家都懷疑自己是不是聽錯了。

有關Ｆ１的參賽準備，事實上本田早在一九六二年的春天連載〈我的履歷書〉時，就已經悄悄進行。

「既然要進軍四輪車業界，我就想參加Ｆ１的比賽。」因為引擎的好壞，最後會表現在速度上。對於本田來說，自用車的製造與賽車，都是一種目的與手段。

從一九六二年八月起，HONDA開始著手設計二百七十匹馬力的引擎。這是本田所決定的馬力目標。

漸漸地，本田宗一郎愈來愈認真，他認為：「既然要參賽，就要獲得冠軍。」他盤腿坐在研究所的水泥地上，拿著粉筆與設計團隊討論圖樣。

老闆樂極了

一九六四年二月十三日，當時負責設計引擎的丸野富士在記事本上寫下這麼一句話：「老闆樂極了」。當鍍金的實驗車在荒川的測試路線上試跑一個禮拜以後，頭一次超過二百馬力，達到二百一十馬力的目標。老闆看來很高興，說了一句：「喔，速度出來了喔！」

HONDA的員工都叫本田為「老闆」。從丸野以下的研發成員最大的目標，就是取得「老闆」的歡心。能夠看到老闆的笑臉，就是他們生命的意義。

「老闆也拚命在想喔！他常常晚上來研究室，指導說『這個應該這樣做，那個那樣做比較好』之類的然後回去。第二天早上又來問：『做得怎麼樣了啊？』又指示下一個想法。他根本沒有睡覺耶！這種狀況持續了一段時間，當我們達成目標以後，那一天他心情真的很好。」丸野如此表示。

引擎雖然做出來了，但是他們卻缺乏做底盤（chassis）的技術。所以，引擎就用跟其他廠商配合的方式去參加比賽。但當初答應支援的歐洲廠商卻改變方針不參加F1了。

如此一來，只好什麼都自己來了。

設計團隊突然臨危受命接下底盤的設計。當時F1的車體採用杜拉鋁（Duralumin），所以，就拜託飛機零件廠商打上鉚釘（rivet）。歷經千辛萬苦以後，完成的F1賽車一號參加八月的德國冠軍賽。在預賽的時候，HONDA甚至都跑不完一圈，決賽時雖然迎頭趕上第九名，但在還剩下三圈的時候，卻因為爆胎而遭到淘汰。這一個比賽敗得很慘。想要登上世界的大舞台，並沒有想像中那麼簡單。

然而，這次的經驗卻鼓舞了HONDA的技術團隊。

他們下工夫獨自研發的燃料噴射裝置等器材發揮了功效，當他們於一九六五年十月第二次參加墨西哥冠軍賽時，由理奇・銀瑟（Richie Ginther）所駕駛的HONDA賽車如願地拿下第一座冠軍獎盃。從比賽開始到結束他都始終領先。

賽車技術人員的中村良夫於一九五八年從東急黑金工業跳槽到HONDA，他頭一次見到本田就建議說：「公司應該進軍四輪車市場，同時參加F1大賽。」當時，本田大叫：「我沒有把握到底做不做得到，不過，我卻是想做得很。」

中村從頭到尾全盤負責HONDA F1賽車的研發事宜，而且還是第一任團隊總監。親眼目睹優勝的中村跑去賽車場的電信局，模仿羅馬大將凱撒的勝利宣言，發電報說：「我來了，看到了，贏了。」當他回到日本去做報告時，本田也是簡單的一句：「喔，幹得好！」卻沒有說：「我們贏了耶！」

退出F1比賽

「我們既然要生產汽車，就該挑最困難的路走，所以才會參加F1冠軍賽。不論結果是輸是贏，都應該檢討原因、改善技術，並充分應用，以能打造更好的汽車。」這是本田在他們獲得墨西哥冠軍賽時，在記者會上所發表的談話。

他維持一貫的基本姿態說道：「我們會將賽車這樣嚴苛測試所得到的技術，應用在新車的研發上。對我們而言，賽車是產品的先遣部隊。」

本田對於引擎的執著永無止境。他習慣先給一個大目標，然後自己當執行經理（Playing manager）逕赴現場親自督軍帶頭作戰。他給底下交代習題以後，就把樓梯給拆了。這種方法運用得好的話就好，但是只要方向稍有偏差，就會讓現場亂七八糟，動搖組織。

「空冷與水冷的爭論」就是最典型的範例。

一九六八年本田曾下令研發F1用的空冷引擎。本田親自督軍指揮研發，因為前年三月他們推出了搭載空冷引擎的輕型汽車N360銷路不錯，而九月的義大利F1 GP賽也拿下第二次的冠軍。

信心滿滿的本田因此抱持這樣的信念：「搭載空冷引擎才可做出世界通用的汽車。我們要用F1來證明，同時推廣到量產車市場上。」

年輕的技術團隊卻認為空冷引擎早已跟不上時代，未來應該是水冷引擎的時代才對。而且，這也是業界的常識。

然而，利用空冷引擎研發出摩托車的本田卻堅持不肯讓步。「在第二次世界大戰時，德國的隆美爾將軍之所以能在撒哈拉沙漠擊敗英軍，就是拜空冷引擎坦克車之賜。」他以戰時的故事為例做為辯解。結果研發團隊就同時研發空冷與水冷兩種引擎。最後又是重演雙管齊下的老戲碼。

一九六八年研發團隊因應本田的自信與幹勁，終於打造出搭載空冷引擎的賽車，並匆促的參加七月份法國舉辦的GP大賽。法國籍賽車手的喬・許雷瑟（Jo Schlesser）在預賽中排名十七，倒數第二名。在雨天舉行的決賽中HONDA的賽車在轉彎時失敗，撞上突起的路肩而燒成一團。許雷瑟也因此身亡。

「利用空冷引擎征服F1」的目標因此慘澹收場。使用空冷技術所量產的新車H1300也因為製造成本過高而滯銷。

對於在輕型汽車拿下戰功，正式進軍自用車市場的HONDA而言，已經無法再繼續供應F1這個賠錢貨了。另外，因應低廢氣排放規定所研發的環保引擎也箭在弦上。因此，於一九六八年季節賽結束後，HONDA就退出F1大賽了。

隨著空冷引擎的研發，原本擔任法國GP大賽總監的久米是志（第三任社長）回顧說：「空冷引擎一半是因為本田個人強烈的意願所主導的，但是我自己本身也有參與，對於我來說，或多或少總是想嘗試一下別人所沒有做過的事。雖然後來我們付出相當慘痛的代價……。」

久米又說：「最後當我們整體考量四輪車市場時，才發現這關係到公司存亡。雖然我們為了研發空冷引擎費盡苦心，但大家都認為還是得回到水冷引擎才對。」他為當時HONDA公司內部的空冷水冷爭論做了一個總結。

每役必勝

HONDA第二階段的F1比賽起始於一九八三年。河島喜好社長在一九七八年的新年記者會上表示：「賽車是HONDA的企業文化。」，宣布該公司重返汽車大賽的決心。這是他們睽違了十五年後的F1大賽。本田早於十年前交出社長寶座，而技術團隊也已世代交替。第二階段的賽程也採取合作方式，引擎由歐洲廠商提供。

接下來HONDA踏入二輪車、F2的階段，一九八三年參加英國的GP大賽做為他們重返F1的舞台。當時的成績雖然持續低迷，但在第二年的一九八四年七月在美國達拉斯的GP大賽上，在F1威廉團隊的搭配下，終於讓他們在重返F1戰場歷經十場比賽後，頭一次拿到冠軍獎盃。

一九八六年，參賽第四年榮獲他們夢寐已久的製造者部門獎（constructors），在最後澳洲的GP大賽中當時擔任最高顧問的本田在夫人的陪同下觀戰。本田面對參賽團隊正襟危坐深深低頭致意：「感謝各位幫我們繼續圓夢。大家幹得好。」

對於HONDA而言，第一階段的F1算是本田個人的興趣，是摩托車比賽的一種延伸。算是HONDA進軍四輪車市場的宣傳手法，就技術面來說是一種「動態的實驗室」。

然而，第二階段的F1則是組織性動員人力與投入金錢，誠如河島所說的，是集結「企業文化」的結果。從一九八七年起，HONDA獲得賽車手部門二項冠軍，一九八八年則十六戰十五勝，打造出每役必勝的金字塔型戰功。

而日本的GP大賽（F1大獎賽），於一九七六年與七七年在富士賽車場，一九八七年開始連續五年在鈴鹿賽車場舉行。F1首位日籍賽車手中嶋悟於一九八七年參賽，同時在當年的英國GP大賽中獲得第四名。隨著HONDA每役必勝的輝煌戰績，日本也掀起一股F1風潮。

對於第二代HONDA團隊來說，與其說F1是一種賽車運動，倒不如說是科學。因此並非憑著感覺或經驗，而是透過數據分析，訂定一套系統以便任何人執行都能得到相同的結果。

F1比賽中頭一次運用電腦技術的也是HONDA。利用電腦接收疾駛中賽車的電波並即時分析，然後給賽車手必要的指示。現在賽車團隊戴著耳機分享資訊的情景司空見慣，但在當時卻引來國外團隊的側目。F1比賽已經從支撐賽車手的車身與引擎的技術人員演變成照顧電子控制系統的電器行。

而賽程中的指示也較以往更為細膩。賽車手中屬巴西籍的艾爾頓・賽納（Ayrton Senna da Silva）最能敏捷地反映此類高科技的指示了。他的反應極佳，能夠將賽車細微的動作或引擎狀況明確地傳達給小組成員。

與HONDA合作的賽納，曾三次榮獲賽車手的總冠軍，而且決定他榮獲冠軍的舞台，總是在鈴鹿賽車場。在他取得的四十一場冠軍中，有三十三場是與HONDA搭配的。賽納可說是HONDA第二階段F1的守護神，也是掀起F1風潮的功臣。

如此一來，F1的世界，就不再是如機械狂般的本田所擁有的知識或直覺所能掌握的領域了。本田以前在荒川堤岸邊測試跑道試車時，輪胎掉落的糗事變成白頭宮女話當年的趣談。

第三次的挑戰

本田周年忌過後的一九九二年九月，HONDA停止參加F1大賽。「我們不想再做技術的冒險，賽車團隊也覺得累了。在加上經濟開始泡沫化，就HONDA的大環境來說，需要重新審視我們的經營方針。」當時的社長川本信彥對內部員工廣播時，發表退出F1大賽的決定。HONDA即使創下冠軍機率令外界稱奇，但每年近百億日圓的投資卻對營運業績造成影響。

賽納失去HONDA這家親密的贊助廠商之後，於一九九四年五月一日在聖馬利諾的GP大賽中撞上牆壁，結束年輕的三十四歲生命。當傳出他去世的消息以後，粉絲們聚集HONDA位於東京青山的總公司，弔唁這一位賽車界的英雄。

二〇〇〇年HONDA再次復出，參加F1的澳洲GP大賽。這是HONDA睽違八年踏上F1的第三階段。從二〇〇二年起，豐田也嘗試自己研發引擎與車體，挑戰F1。

對於君臨日本F1賽車界的HONDA而言，最強的對手登場了。然而，如果標榜自由競爭的本田仍然在世的話，應該會覺得高興而且正面迎戰吧？

3　小型汽車之賭注

稱霸輕型汽車市場

踏入昭和四十（一九六五）年代的日本，汽車（motorization）的家庭市場（自用車市場）突飛猛進的成長。一九六五年，汽車的生產從卡車改為以客車為主流。

一九六六年，日本的四輪汽車生產台數首次超過英國，成為繼美國、西德之後之世界第三大國。日本開啟了冷氣、彩色電視與汽車的「3C時代」，當時將此稱為自用車（my car）元年。

同一年日產推出「桑尼（Sunny）」、富士重工推出「速霸陸（Subaru）」、三菱推出

「柯爾特（Colt）」、東洋工業（現為馬自達）推出「福美來（Familiar）」、豐田推出「冠樂拉（Corolla）」，各家廠商都推出排氣量一千CC等級的小型汽車，大眾化的策略成功拓展市場。

最晚加入四輪車生產行列的HONDA，除了生產設備以外，銷售網或服務體系也都未臻成熟。於是，他們首先鎖定的是輕型自用車的市場。

本田曾抱怨當時小汽車的空間與馬力說：「汽車可以變小，人卻還是一樣大。」「現在的輕型自用車馬力太小了。怎麼開也無法超車，所以才會出車禍。」

然而，藤澤武夫董事卻判斷情勢認為：「大眾汽車雖然很受歡迎，但是便宜又好開的輕型汽車一定更搶手。」本田警覺到靠跑車是做不成生意的，於是賭上藤澤的判斷。

當時HONDA擷取「空間極小化、效能最大化」的概念，採用摩托車習慣用的空冷式引擎，將機構空間壓縮到最小，以提高空間效率。本田在設計上也相當堅持。實驗車只要有一點不滿意，就拿起刨子將黏土做的模型東削西磨的。因為這樣，光是開模費就多花八百萬日圓，讓負責模具的員工疲於奔命。

如此花費工夫所打造的「N360」終於在一九六七年的春天上市。報紙上刊出「N360

N360目錄上所刊載之設計師手繪的半透視圖。強調車體結構與寬敞的內部空間。

先從後座空間開始設計。」的廣告強調他的空間感。同時，打出三十一萬三千日圓的低價策略。N360在性能與內部空間上與冠樂拉或桑尼等輕型汽車並無太大差別，但價格卻低了許多，因此推出後一炮而紅。

「那些既有的汽車廠都取笑說本田做的汽車，是裝上四個輪子的摩托車。N360確實是搭載二輪車同樣的空冷引擎。我覺得，他們還真會比喻啊！」河島如此表示。

然而，消費者卻非常賞臉，給N360取了「N-koro」這樣的暱稱，把車子看成是寵物一般。一夕之間

HONDA竄出頭，成為輕型客車的主力廠商。

然而，好事多磨。這個暢銷產品，卻偶然捲進激烈的消費者運動的風暴中。

瑕疵車風暴

時值美國消費者保護運動高漲的時期。

律師羅夫・納德（Ralph Nader）因為懷疑汽車結構的危險性，因此於一九六五年出版《不管時速多少，汽車都很危險》（*Unsafe at Any Speed*）這本書揭發ＧＭ（通用汽車，General Motors）生產的瑕疵車。這件事引起美國大眾的關心，之後更捲起消費者保護運動的波瀾。他的著作對於一九六六年美國的汽車安全法案有重大影響。

納德成為消費者保護運動的領導者，為調查美國企業、聯邦政府或國會的弊端，他召集年輕律師、消費者問題專家與研究學者等組成調查小組，也就是所謂的納德突擊隊（Nader Raiders）。

除了這個組織以外，另一個監視汽車安全性能的機構是汽車安全中心。其手段較為激烈，常常成為話題，有時專門找大企業或政府開刀，有人批評流於表面且過於偏激。

日本受到美國的影響，於一九七〇年五月成立日本汽車消費者聯盟（User Union）。這個消費者團體針對上百萬自用車的車主呼籲「車主們，團結吧！」，並以監視公家機關或汽車廠商為宗旨。此外，他們也承接商品測試或客訴、法律諮詢等，自許為「日本納德」的事務局長松田文夫展開激進的瑕疵車監視活動。

當時被列為標靶的是HONDA的金庫，以壓倒性人氣走紅的輕型汽車N360。消費者聯盟認為與N360相關的交通死亡事故肇因於車子的設計不良，因此代替遺族向東京地檢特搜部控告本田社長。本田當時勉勵被傳訊的研發主管說：「只有在面對難關時，才能正視問題，所以，正面因應吧！」

在接受國會質詢時，HONDA的董事四面楚歌。被列為參考人出席的董事西田通弘主張：「我們不接受N360設計不良的批評。」特搜部則在學者的鑑定等分析下，判斷事故與車身的設計不良沒有因果關係，而不起訴。

然而，這個造成社會紛擾的騷動卻對N360造成相當大的打擊。不僅是HONDA，整個輕型汽車市場的買氣急速降溫。

小型車一號的敗北

一九六七年九月，本田決定進軍小型客車市場，完成他夢寐已久的四輪車生產與銷售。

「要做的話，就要趕在豐田與日產前面。」本田訂下目標說：「我們要研發出獨創的空冷引擎與高馬力、高級四門轎車、ＦＦ車（前置型引擎與前輪驅動）。」

三月所推出的輕型汽車N360，就是採用空冷引擎而且暢銷。如同HONDA堅持Ｆ１賽車搭載空冷引擎一般，本田的信念就是認為空冷引擎才是他們的獨創根據。然而，研發成員們卻懷疑大眾汽車與空冷是否連結的起來。

督軍指揮的本田好幾次破口大罵要求修改設計：「這種設計怎麼行！給我換掉（變更設計）！」本田每天都去技術研究所走動，直接下達指令。比方說：「改一下油箱的形狀，讓風的流動更順暢一點。」或者「像這樣在這裡加上散熱片（fin）。」之類的。

本田的一句話，就可以讓其他工作停擺。任誰也不敢對老闆的命令回說：「啊，不行！我做不到。」反覆不斷變更設計，讓研發小組疲於奔命。技術研究所的所長杉浦英男終於看不下去，甚至得成立一個本田專屬的「特設區」，跟老闆談判說：「社長，負責的成員都已經一團亂了，您有什麼意見的話請來特設區發表，不要直接對他們說。」

杉浦回顧當時的混亂景象說：「面對這樣一位強勢的創辦人，又是技術的總指揮。再加上曾有過輝煌的成功經驗。有這樣的人領導只能跟著他走，當時的公司文化，根本不可能半途喊停。」

而最痛苦的是，上線量產之後才變更設計。歷經千辛萬苦HONDA總算趕在一九六八年十月發表第一部小型客車H1300。當時在汽車展上也佳評如潮。再來進入量產階段。此時，要求完美的本田又是到最後一刻都還在改東改西、變更設計。引擎與車身加起來一天平均有一百八十件左右的變更指示。有些設計師因為日夜操勞，甚至在廁所小睡了起來。

上市時間延後了一個月，終於生產線演變到需要倒轉的事態。於是，他們先將車身拆解、拔下引擎換了零件，再重新啟動生產線，這是前所未聞的作業程序。

就這樣在五月時，HONDA第一輛普通汽車總算上市，但效果卻不如預期，銷售狀況一直低迷。HONDA獨特的堅持所打造出的特徵即使粉絲們很捧場，但就大眾而言，卻有失宣傳。於是，這輛普通款一號的H1300搶灘失敗。

杉浦反省說：「總歸一句，我們當時並沒有將這個設計當做一個商品來看。應該就車子的應有功能整體考量的重點，我們卻誤以為將部分修改到極致，就能打造出好產品。技術原本是一種手段，卻被我們當做目的了。」而他的反省也連帶對於本田的手法產生疑問；具體來說，主張空冷引擎的本田主義開始動搖。

「後輩們」的造反

同樣的一九六九年的夏天，技研所六十幾位年輕技術人員聚集在輕井澤討論「H1300滯銷的原因」。

就杉浦來看：「他們似乎也想趁此要求老闆自我反省一下。」

有人大鳴大放的說：「空冷引擎其實很重。車子前蓋部分一重的話，當然輪胎就容易磨損，連帶也會引起其他不良後果，而且價格偏高。如果想要符合目前迫在眉睫的廢氣排放規定的話，其實還有其他更方便又好走的路，但是我們卻自找麻煩，選擇了空冷引擎。」

當時杉浦邀請副社長藤澤參加這個集會，說到：

「您看這些小夥子們其實有這些煩惱。但是我們只要聽到反對空冷引擎的建議，就不管三七二十一駁了回去。」

當天夜晚，大家一邊喝酒、一邊閒聊。

之後，藤澤重新聽取久米是志（第三代社長）等專案主管的看法，確定堅持選用空冷引擎將會拖延HONDA拓展四輪車市場的腳步。

於是，藤澤命令杉浦說：「等一下，你馬上去跟社長做報告。」

——我跟社長反映了好幾次，可是他根本聽不進去。所以我才希望您來說服——。

即使心不甘情不願，他們還是從熱海開車直奔技術研究所。

在誠惶誠恐下，他們向本田表達了自己的意見。

本田只說了一句：「嗯，為什麼去副社長那裡之前，不先來跟我說呢？」

之後，本田沒有再有任何反應，而第二個新的車型也接近要決定設計圖樣的最後階段。

杉浦等人再次纏著本田。

「拜託您這一次一定要答應採用水冷引擎。再這樣下去的話，我們會來不及因應廢氣排放的規定。」

本田沉默了一會兒，說：「隨你們高興吧！但是一定要做好水的維護才行喔！」

然後就走了出去。

杉浦等人簡直樂翻了：「這下子HONDA有救了！」

然而，等一下後文會談到，其實讓頑石般的本田放棄對空冷引擎堅持的人，是藤澤武夫。

挑戰空氣淨化法（註：空氣淨化法〔Muskie Act〕為一九七〇年十二月美國參議員馬思基〔E. Muskie〕所提出之空氣淨化法修正案，以嚴格規範汽車排放之廢氣量。）

從這個時候開始，廢氣排放的公害已經造成廣大的社會問題。日本運輸省（即交通部）遂於一九六六年九月發布廢氣排放規定。而當時美國加州與聯邦政府也開始討論如何制訂法規防止大氣污染。

美國參議員愛德蒙・馬思基（E. Muskie）在國會提出大氣污染防止修訂法案，大幅修訂原有內容，並於一九七〇年生效。這個俗稱的「馬思基法案（Muskie Act）」嚴格規定新的汽車廢氣排放基準，自一九七五年起CO（一氧化碳）與HC（碳氫化合物）及自一九七六年起NOx（氮氧化合物）均需低於現有車輛的十分之一以下。當時，世界任何一家車廠都認為是不可能的任務。

HONDA研究所從一九六六年起針對這個廢氣排放著手研擬對策。當時，研發團隊正忙著應付F1的參賽或四輪車的研發，負責的對策小組像拖油瓶般擺著。而小組成員也大都是剛出社會的大學畢業生，還搞不清楚東西南北。對於那些追求引擎的高迴轉或高馬力的研究員來說，他們根本是從零開始摸索。

本田看到這群人只會埋頭苦讀文獻，便習慣性破口大罵：「喂！你們，在那邊慢吞吞想東想西也搞不出什麼名堂！要是我的話，早就動手做看看了！」

本田他自己面對的也是CO、HC或NOx等看不到形狀的東西，因此也沒有討論的餘地。當時，日本國內也缺乏檢測廢氣排放的器材。

到一九六九年後期，出現了一線曙光。實驗證明當混合氣體較為稀薄時，燃燒所產生的廢氣比例會降低，因此如何快速點火便成為最大的技術課題。

HONDA當時想出的是一種搭載副燃燒室的引擎，其設計概念是在燃燒室旁加裝一個副室，藉此製造混合氣體，然後利用易燃的特性點火，當火焰在第二階段的主燃室噴出後，再讓稀釋後的混合氣體加快燃燒速度。

這是HONDA獨創的方式，實驗才剛起步，其他公司也尚未嘗試。研發小組將之視為祕密任務處理。但本田不知從哪裡得到訊息，因此逼著他們說：「告訴我怎麼一回事。」本田在了解內容以後，臉部浮起「幹得好」的表情，同時熱心地建議：「引擎的燃料供給不如用噴射裝置（injection）替代化油器，你們覺得如何？」

結果雖然最後還是採用化油器，但本田對環保引擎的研發寄予厚望：「HONDA最晚進軍四輪車市場，這是我們與其他廠商並駕齊驅的一個大好時機。」研發成員從剛成立的三十人成長到一百人以上的制度。

研究用的引擎改良成N600，加裝副燃燒室，反覆試開，當本田接到報告說已經確認可有效降低有害成分時，便宣布向外發表這個環保引擎。

環保引擎完成前的發表，是本田一種宣傳手法。事實上，研發小組因為追求完美而遲遲不肯結案。「等他們發表的話，公司都要倒了。」所以，他想如果把研發小組關在二樓，然後把梯子拿開的話，他們就只好向前衝。只要對內或對外明確發表完成的時程表，就可以鼓勵員工的士氣，這是本田一流的作戰策略。

環保引擎的名稱，於一九七一年二月對外發布前夕才定案。「CVCC複合渦流混合燃燒引擎」。這是當時研發的負責人為了預防申請專利前，外界得知這個名稱或結構才取的稱號。本田在東京大手町的經團連會館召開記者會，發表：「本公司因應廢棄排放規定所研發的往復式引擎CVCC按照時程進行，預計於一九七三年量產。」

公開專利，領導世界

在一九七二年十月正式的發表會上，為了凸顯產品的清淨形象便在東京赤坂王子飯店大宴會廳的展示區中架起藍色面板，中央擺著研發成功的CVCC引擎。本田帶領著研發團隊春風得意地接受媒體訪問。HONDA獨特的技術引領世界。對於討厭模仿的本田而言，這是最理想的獨創技術，實現了他的夢想。

「這個設計也可以適用在其他廠商的引擎」、「因為沒有加裝觸媒等排氣淨化裝置，所以沒有二次公害的問題」等等。因此甚至有報紙下著大標寫著：「豐田與日產如何因應？」

這個研發引來國內外的好評。美國的EPA（環境保護局，現為環境保護署）也下單訂購搭載這個引擎的車子。但因為HONDA的車型過小、無法搭載這種引擎，因此便將他們的CVCC搭載在日產的桑尼（Sunny）上。同時為了配合重量還加裝了沙袋。同一年十二月本田親赴密西根州安納堡市觀看測試，同時被指定為一九七五年實施的馬斯基法案之第一號合格車款。

本田宣布將對外公開因應公害的環保技術。首先，日本國內最大的豐田車廠評估HONDA的技術，同時決定接受技術轉移。

如此一來，世界各國的汽車廠便陸續造訪HONDA的研究所，了解CVCC引擎的設計。福特、克萊斯勒、五十鈴等各大廠也尾隨而至。最後，進軍四輪車市場的HONDA，在解決廢氣排放的環保議題上領先世界各汽車大廠，立下汗馬功勞。

環保節能的「喜美」風評如潮

HOND於一九七二年七月發表環保引擎前，先推出「喜美（Civic）」。並於第二年十

上：本田於昭和四十七年（一九七二年）十月十二日在東京赤坂王子飯店舉辦的CVCC發表會

下：喜美（Civic）CVCC一號，於昭和四十八年（一九七三年）十二月發表。

月搭載CVCC引擎。喜美是一款四門設計，一千五百CC馬力的小型車。HONDA痛定思痛、檢討H1300的失敗，並應用在喜美上。引擎採水冷式，設計更為簡單且價格更低廉。

此外，喜美獨特的造型也受到大眾歡迎，甚至榮獲一九七三年的「年度汽車大獎」。推出後的第一年雖然只賣兩萬台，但三年後，卻成長到十七萬六千台。在一九七四年剛開始實施馬思基法時，美國的EPA利用喜美取得相關單位的核可。EPA的檢查官員指出喜美的燃料效率極佳。負責的官員跌破眼鏡地說：「我們老是將焦點放在廢氣的排放上，完全忽略了燃料這一塊。」雖然廢氣排放規定看似理所當然，但將來的汽車更是在燃料上一決勝負。

喜美到一九七八年的車型為止，共連獲四年的節能第一。HONDA除了二輪車在美國建立口碑以外，也逐漸打開四輪車的知名度。該公司靠著CVCC超越其他既有廠商，搭載CVCC的小型車迎接節能省碳的時代、開拓日美的新市場。因此他們可與豐田與日產平起平坐。

一九七三年十月，本田讓出社長寶座，由河島喜好接手，並與副社長的藤澤武夫一同辭退最高董事顧問。其後，第四次中東戰爭發生，引發石油危機與失衡的物價風暴。「喜美」的成功，可說是英雄功成身退的完美下台階。

4 灑脫的退休

世代交替的時機

一九六九年發生的「空冷與水冷爭論」促使HONDA加緊世代交替的腳步。對於始終堅持空冷引擎的本田，久米等年輕技術人員卻放眼水冷引擎的研發。雖然有人將之視為「政變」或「造反」，但讓本田改變心意的卻是藤澤武夫。

這一年夏天，藤澤前往熱海的研究所與小組成員們共度一晚以後，重新認識到「水冷引擎對公司較為有利」。因此回到東京便將年輕人的想法轉達給本田。

「不，空冷引擎也是一樣的。也同樣做得到。唉，跟你說也說不清楚了啦！」

只要一牽扯到技術，本田就堅持自己的信念，這是藤澤絕不插嘴的禁地。但藤澤已經下了決斷，踏入這個禁地：

「請問您是要選擇當本田技研社長，還是技術人員呢？至少應該二選一吧？」

本田沉默了一段時間然後說：「我是這家公司的社長。」

「所以說您同意採用水冷引擎囉？」

「就這麼做吧。這樣比較好——。」

天才並不代表一輩子都是天才。重要的是在緊要關頭發揮天才的本領，達成偉業或完成發明。更何況，汽車的相關技術是以激烈的速度前進的。這件事顯示，天才本田宗一郎的聰明才智，已經到了極限。

共同領導制度的轉變

第二年四月，HONDA從成立以來由本田與藤澤分工合作的領導制度改為由河島、川島、西田與白井等四位董事共同領導的體制。

藤澤跟四人說：「社長與我將退居幕後，未來公司的計畫等每日的營運事項就由各位董事全權負責。如果遇到無法解決的問題的話，隨時來找我商量。」這個人事異動是兩位領導高層退休的布局。當時世人都在歌頌空前繁榮的景氣。

之後，藤澤漸漸的不再去公司。「藤澤先生會露臉的話，大概是他對什麼事情在意。不過，等他聽完董事的報告以後，通常會說：喔，這樣就好，然後就回去了。」（河島轉述）

另一方面，身為技術研究所社長的本田，則每天親自開著愛車H1300去和光的研究所上班。技研所雖然培育出不少年輕優秀的技術人員，但這次卻因為研究所獨立出來以後，形成平行的組織而出現弊端。在這群專家之上，當本田以君臨天下之姿出現時，本田的一小句話都會引起風波。甚至有人認為本田應該退休。

但是誰來建言呢？事情到了最後變成由當時擔任總務董事的西田道弘，接下這個沉重的任務。

他前往研究所，敲了敲本田的社長辦公室。本田邀西田共進午餐。西田與本田一邊吃著蕎麥麵，一邊閒聊，然後看準時機切入正題。

「研究員也都漸漸培養起來了，您是不是該考慮交棒了呢？」

本田立即說：「就等你這句話。」

接著又說：「我看我就今天走人吧！」

本田拿出手帕，擦了擦眼淚。

西田感激地回想：「本田先生這一輩子只為工作而活，當他專心的時候，常常忽略其他事情。平常他完全不管人事的，那時候只跟他提了那麼一下，他就了然於心了，甚至還滿高興的。」一九七一年四月，HONDA利用發表環保引擎CVCC的研發計畫做為本田的下台階，讓他結束技術員的職涯，將技術研究所的社長寶座讓給河島喜好。自此以後，本田就專心當總公司的社長，這時HONDA的組織可說是完全確立。

本田辭去技研所社長以後，西田很頭痛。因為本田半開玩笑地說：「我有一段時間還不大適應，一到早上就從下落合的家開車往公司跑。開到一半才想到我已經不是社長了，然後又開回家。」本田所謂的公司就是指技術研究所，這個地方是本田的一切。

這一年夏天，美國尼克森總統發表美元防衛政策，停止黃金與美元的兌換。這也就是俗稱讓東京證交所股票大跌的尼克森風暴。年底時，一美元兌換三百六十日圓的固定行情一夕間變成一美元兌換三百零八日圓。本田當時問：「為什麼匯率會變動呢？為什麼一美元不再等於三百六十日圓了呢？」本田與藤澤開玩笑說：「啊，玩不過他們啊！」

五十鈴與通用汽車資本合作、美元衝擊、第一銀行與日本勸業銀行合併等，都激烈動搖日本經濟界，身為大企業的HONDA也出現不夠靈活的狀況。

「三天內不吃不睡如果都還想不出一個結論的話，就沒有資格經營公司。太平盛世的時候當然沒事，但在發生非常狀況需要經營者下決斷時，很多公司都寄託在體力不勝負荷的老闆身上而誤判形勢，讓公司破產。……五十歲就去世的織田信長，雖然還可以描繪男人的未來展望，但對於年事已高的豐臣秀吉來說，卻沒有這回事。」藤澤如此堅信著。

因此他問河島：「我與本田先生不可能永遠在你們身邊。你們到底打算怎麼辦呢？」於是以河島為中心的四位董事便開始實施體質改善運動。對於規劃大老闆本田的人生舞台的藤澤而言，他最後的工作就是幫本田搭一個舞臺，讓他華麗地退場。

共進退

如果時代潮起潮落，那麼領導者也是。

一九七三年三月，副社長的藤澤指示董事西田通弘說：「我這個任期做滿就辭職，你向本田社長報告一下。」

該年秋天HONDA正迎接創業二十五周年。藤澤看著後進茁壯，察覺到本田宗師的地位已經面臨極限，因此幫本田算準時機退休，是藤澤的「經營判斷」。

同一年夏天，本田前往中國大陸出差。在他出差期間，新聞大肆報導「本田社長與藤澤副社長雙雙退隱」。一大群記者守候在羽田機場等著本田親口證實。去迎接的西田向本田傳達了藤澤辭職的心意。雖然這個發展在本田預料之外，但他卻立即明白藤澤的意圖了。他想了一想，然後跟西田說：

「我這個社長沒有藤澤武夫是不行的。副社長不幹的話，那我也一樣了。我也要辭職。」

本田在羽田的記者會上笑著跟媒體說：「我從以前就跟藤澤商量說想要辭職。沒想到偶而在我去外面趴趴走的時候，被大家發現了。」

「我都已經六十五歲了。即使不服老，但要應付千變萬化的企業經營還是有點力不從心。趁著現在有人接棒，我也該見好就收。我與副社長是兩人一體，誰也不能沒有對方。

說起來，我們兩個就像個跑龍套的，合力撐起一付架子在舞台上表演，所以一起辭職，也沒什麼好奇怪的。」他淡淡地道來，像是說給自己聽的一樣。

十月，本田與藤澤這兩大巨頭經過股東大會核准後正式退休。終於結束兩人四分之一個世紀的共同打拼。當時本田六十五歲，而藤澤六十一歲。

這個退休戲碼不僅因為就世人的標準來說，兩人還可以繼續在位，加上下一任的社長河島喜好以四十五歲的年輕資歷接手寶座，因此引起社會極大迴響。河島是一九四八年本田還在開家庭工廠的時候第一位聘用的大學生，可以說是創業班底。

媒體對這次的世代交替給予極高的評價，冠上「圓滿交接」「知所進退」之類的好評。

藤澤在八月的「退休感言」中這麼寫著：

在我決定退休後的某一個場合中，與本田先生碰了面。他（本田先生）用眼神暗示我說「過來啊！」我就跟著他走了。

他說：「嗯，看起來做得還可以的樣子。」

我也回說：「欸，還像個樣子。」

他又說：「那段日子我真的很幸福。」

我回說：「可不是嗎？讓人不禁想打從心底說聲謝謝呢。」

他接著我的話說：「那我也要囉。我這一生真的沒白活。」就這樣，我們以退休為職場生涯劃下句點。

5 本田汽車另一位創辦人——藤澤武夫

演員與導演

本田宗一郎與藤澤武夫的關係就像「汽車的兩個輪胎」一樣。

一邊是熱心於製造前無古人後無來者的激情家，另一邊是歷經商場百戰的生意人。藤澤是一位道道地地的江戶（一六〇三—一八六八年，也就是古時的東京）小孩，興趣多元，通曉人情、見多識廣、EQ高、身段柔軟。

在藤澤底下負責開拓美國市場的川島喜八郎（前副社長）用表演比喻兩人的關係：

「本田如果是超級巨星的話，藤澤就是大導演。他擅長準備好舞台、寫好劇本，讓本田這位巨星有表演的空間。」

社長是本田，而經營者是藤澤。在兩個具有強烈個人特質的搭檔之下孕育出HONDA這樣的企業。

藤澤武夫出生於一九一〇年十一月十日東京的小石川（文京區）。父親在歷經銀行等職務後，自行開設公關公司承辦電影院的平面廣告。然而，在藤澤就讀私立京華中學（現之京華高中）一年級時，他父親的公司在關東大地震中燒毀而欠了一大堆債。原本希望當老師的藤澤去報考東京高等師範學校（現之筑波大學）卻失敗，為了養家餬口他只好開一家代筆行，也就是代客寫字。然後趁著空檔讀一讀文學名著等，算是一位封閉內向的文藝青年。

他在被徵兵一年退伍之後，一九三四年任職於東京八丁堀（中央區）專門批發鋼鐵的三輪商會。他當時負責逐家挨戶拜訪社區的家庭工廠推銷鋼鐵，開拓了不少客源，成為頂尖業務。但話說回來，他也不是舌燦蓮花型的業務。而是誠心誠意與客人打交道，遇到無法順利交貨時也會老實跟客人說明，同時站在對方的立場思考解決方法。

此外，因為他所經手的是與市道景氣相關的產品，因此養成他對市價的敏感度。藤澤在學會做生意的技巧以後，適逢老闆被徵召去前線，因此就被拔擢經營商會。之後，他成立日本機工研究所生產切削工具，等待老闆回來然後自立門戶，當時他才三十一歲。

這個時候，恰巧客戶的中島飛機公司派來驗貨的人，就是後來幫藤澤與本田牽線的竹島弘。竹島畢業於濱松高專（後來的靜岡大學工學系），當本田去他們學校旁聽時，他正擔任客座講師。後來竹島進入中島飛機任職，與承包他們公司活塞環的本田重逢。藤澤就是從竹島口中聽到本田「濱松的天才技術人員」這樣的封號。

一九四五年六月，藤澤下鄉到福島的二本松避難。諷刺的是，當他們八月十五日為躲避空襲將機器運送到鄉下時，戰爭已經結束。

戰後的日本建築木材比切削工具來的好賣。因此，藤澤便在福島買下一座山林，開始做木材生意。另一方面，他也三不五時去東京，找看看有沒有東山再起的機會。

一九四八年夏天，藤澤偶然在仍是廢墟的東京市谷車站（千代田區）碰到竹島。當時竹島已是通產省（即經濟部）的技術官員了。

之後，藤澤將福島的製木工廠給關了，在東京的池袋開了一家木材行。那時竹島跟他接洽問說：「有沒有興趣跟本田認識？」

命中注定的相會

藤澤與本田運命的碰面是在一九四九年的八月。地點是竹島位於東京阿佐谷（杉並區）的一棟簡單住宅。

這一年夏天日本雖然發生下山事件（註：下山事件指當日本尚在聯合國管轄之下的一九四九年七月五日早上所發生的離奇事件。當時日本國家鐵路總裁的下山定則在上班途中失蹤，第二天凌晨被發現身亡。）、三鷹事件（註：三鷹事件指一九四九年七月十五日在跨越日本三鷹町（現之三鷹市）與武藏野市的中央本線三鷹站內所發生的列車衝撞事件。當時該輛列車無人駕駛。這個事件與下山及松川並列為日本國鐵三大謎團。）等一連串震撼社會的離奇事件，但東京都內的啤酒屋卻重新營業，大街小巷播放著〈青色山脈〉與〈銀座的康康舞女郎〉等歌曲，人們即使生活貧困也燃起戰後復興的幹勁。

藤澤與傳說中的「濱松的發明狂」見面以後，當場決定要將賣掉製木工廠的資金拿來投資。於是本田就負責製造，而藤澤負責調頭寸。兩人頭一次碰面就覺得非常契合，不到三五分鐘就分配好各人的角色。幾年以後，他們兩人不約而同地表示：「因為我們互有對方所沒有的特質。」

兩人的性格雖然南轅北轍，但都天生的直覺很強，觀察力夠，特別是看人的眼光精準。那些矯柔做作或虛張聲勢的姿態，在這兩人面前完全派不上用場。他們以前的部下異口同聲地表示：「他們只要一眼就可以把人看穿，誰也別想跟他們撒謊。」

角色分配

本田說：「錢的部分讓你全權負責。所謂交通運輸是不管用什麼形式，反正就是永遠不可能消失的東西。但是，要製造什麼東西一切都要我自己決定，我不給人家說東說西的，因為技術我最在行。」

藤澤則表示：「那麼錢就給我負責了。就目前的狀況來說，可能還沒得賺。比方說要買機器，或做什麼之類的，我會找一個最好的方法讓事情進行得順利。讓我們把眼光放遠一點。」

「沒錯，就是這樣，大家都不想短視近利。」

「好，我知道了。那您可以放手讓我做嗎？」

「嗯，拜託了。」

關於他這次與本田的會面，藤澤這麼寫著：

「我們約好本田做的事我不插手。相反地，我的部分本田也不干涉。我聽了那個人說的話後，覺得未來有好多好多東西源源不斷跑出來。如果我能好好地讓一切上軌道，就能讓本田的夢想起飛。我真的有這樣的感覺。」

一九四九年十月，藤澤擔任本田技研工業的常務董事參與公司經營。HONDA的資金加倍增資。增加的四分之一由藤澤出資。第二年三月HONDA進軍東京，在東京八重洲成立了一個陽春型的營業所。這裡就當成藤澤的大本營。

一九五一年加入的川島喜八郎（前副社長）在大學畢業後，在故鄉的靜岡開了一家油行。「聽說有一家做摩托車的HONDA在應徵業務。看起來滿有意思的，所以我就去濱松試看看。面試我的就是本田先生。他看起來就是一個小工廠的歐吉桑。我們剛見面他就若無其事的說，我們公司再來會成為世界第一的二輪車製造廠。但是又不會讓人反感。真的是一個不可思議、充滿魅力的人。然後他跟我說，你想當業務的話，就去跟藤澤見個面。」

於是，川島就去東京跟另外一位個性派碰面。

「賣魚隔壁的一棟民宅就是營業所，藤澤先生就在那裡。手裡拿著一支蒼蠅拍。因為隔壁賣魚的那裡常有一些蒼蠅飛過來。乍看之下，真的看不出來可以託付終身的樣子。但是，他就是給人一個大格局的感覺，他跟我說本田宗一郎一定會做出世界第一的商品。而怎麼把產品賣出去就是我的工作。我聽了以後，就清楚的知道，他相當佩服本田先生對於製造的想法與技術能力。」

所以不管那家公司的外觀如何，川島在被他們兩人強烈吸引下，就決定加入了。

斥巨資採購機器

「為了實現我們想出來的點子，一定得有好的機器才行。工欲善其事，必先利其器，於是我下定決心要買世界第一流的工具機。……如果只以日本為對手的話，我們即使成為日本第一也不是真槍實彈。只有在成為世界第一以後，才可能成為真正的日本第一。」

——。在一九五二年秋天發刊的公司內部文宣中，本田宣布公司將大膽投入資金購買設備，以成為世界龍頭的野心。

當時的HONDA錄用了一些剛畢業的學生，員工一時超過兩百人。藤澤也榮升為董事。即使本田不時勉勵部屬「與其花錢，不如動腦筋」，也不得不選擇工具機做為利器。因為沒有好的工具機，就無法提高零件的精度，而當時日本國內卻缺乏這樣的機器。

一九五二年春天，他們買下埼玉縣大和町白子的某個老工廠。那是一家專門生產飛機零件的工廠，剩下了好幾百台老舊的器材，但本田說：「這些東西留著也派不上用場，全給賣了吧！」

對於本田來說日思夜想的就是購買國外的工具機，但問題不單單是因為價錢昂貴，連要進口都還有外匯的管制。因為日本國內缺乏工具機，所以在南北韓戰爭時，他們也趕不上特需的市場，當時讓本田相當扼腕。

做為大帳房的藤澤對於本田坐立難安的心情感同身受，因此建議他採購機器。

「社長，繼續買吧。想買什麼機器就盡量買。但是，買了以後，您就得馬上讓生產線運轉喔！」

當時HONDA增加資本額，但也不過是六千萬日圓。這家公司沒有其他資產，卻想要購買四億五千萬日圓的工具機，實在是天大的冒險。然而，藤澤卻百分之百信任本田。

「像本田那樣技術高超的人，根本不可能感嘆需要設備或機器什麼之類的話。他是那種在現實的條件中，找出各種可能性的人，絕對不可能輕易認輸。所以我相信只要是我出錢買下的東西，他絕對不會浪費或生產一些沒用的東西。」（藤澤武夫）

當時，本田想出一些「與其放眼日本，不如站上世界舞台」之類反向思考的標語煽動員工。朝會時，就拿一個橘子箱站在上面。眼睛炯炯有神，口沫橫飛。資深的員工這麼回想：「那個時候老闆的講話滿腔熱血，他不時夾帶一些濱松腔，根本不知道他在說些什麼。而且又常常跳過說明，更讓人有聽沒有懂。不過，那個氣勢是很嚇人的。」

或許本田自己也有察覺，那時錄音機才剛問世，所以，也有過他用錄音機播放自己的談話，而本人在一旁不發一語的奇異場景。

「那個時候，本田先生與藤澤先生發揮他們身為經營者的先見之明，下了正確決策。後來不景氣過去了，E型夢想號也賣得不錯，我們算是度過那個難關，但光是這樣，公司也不會有太大的成長。但是，如果去買一些戰前的工具機生產出來的零件，也成不了世界級的HONDA。他們兩人決定要讓HONDA擁有自己的工廠。不管如何一定要買最先進的

機器。所以才跟政府申請四億五千萬日圓的外匯。」（河島喜好）

同一年十一月，本田前往美國採購工具機，同時考察汽車大廠的量產線。本田家到現在都還保存著當時蒐集來的大量目錄。

本田還說了一個趣事：「當我說要買機器時，對方高興得很，一直跟我說：Seki Han、Seki Han。我還以為跟我們日本一樣，要吃紅豆飯（赤飯，sekihan）慶祝呢！後來才知道是要握手（shake hand）的意思。」同一個時候，才二十幾歲的河島則遠赴歐洲的德國與瑞士買機器。

DM行銷術

藤澤參加公司營運時，日本國內二輪車的市場已經有點山雨欲來的味道，開拓銷售網便成為當務之急。當時是將產品委託既有車廠的經銷商販賣，所以貨款的給付也是照客人的意思處理。

就在藤澤為這個事情每天想破頭的時候，本田研發出加裝引擎的腳踏車「F型小狼」。

當時，市面上已經有加裝引擎的腳踏車了。那種二輪車就是俗稱的「小翅膀」，有十四公斤重。本田所發明的新型車款七公斤，才只是它的一半。誠如本田在〈我的履歷書〉中自豪的一般小狼號「白色油箱加上紅色引擎」的設計嶄新且輕巧。這正是藤澤期待已久的大眾化商品。

有了商品以後，再來就換藤澤出場了。一九五二年三月試驗車完成，到六月正式推出還有三個月，藤澤如同為信長與秀吉獻策的軍師竹中半兵衛一般，謹慎地研擬對策，他想出一個「從無到有」的奇招。

藤澤著眼的是遍布日本全國的腳踏車行。當時，日本國內的摩托車店約有三百多家，但是經銷HONDA機車的才二十幾家。而腳踏車行卻有五萬五千家之多。腳踏車行雖然規模不大，但集點成面的話就可以編織成一個巨大的行銷網，這是一種網狀的行銷策略。

但要如何去接近這些商家呢？藤澤想出DM（直銷目錄，Direct Mail）的策略。

第一波行銷策略。「各位的祖先在日俄戰爭以後，鼓起勇氣決定賣起進口腳踏車。所以才會有現在的您。但目前的客人需求的是加裝引擎的腳踏車。那個引擎就是HONDA的產品。有意者請與敝公司連絡。」

結果得到三萬封以上的回函。

於是他們打鐵趁熱，發動第二波攻勢。

「感謝各位熱烈的洽詢。敝公司將依申請先後逐一發貨。零售價格每台二萬五千日圓，批發價為一萬九千日圓。貨款請匯入郵局或三菱銀行京橋分行。」

同時，藤澤也拜託銀行用分行行長的名義發函招攬客人「請利用本行匯款服務」。這一招有助於提高HONDA的信用。本來這些信封都是公司員工自己寫的，但來不及到連三菱銀行京橋分行的人都來幫忙。

「客人的反應相當熱烈。約有五千家馬上回覆，而且還愈來愈多。日本的二輪車業界向來是寄賣方式，我們卻不僅打破慣例，以直銷方式要求先付貨款，而且還一炮而紅。」川島回憶著並推崇說：「藤澤先生是一位膽識非凡且精打細算的人。」

小狼號就在DM的行銷策略之下，透過一萬五千家腳踏車行在日本全國普及。

戰爭時的製造業，習慣承包軍隊的生意。但是，藤澤預測再來應該是大量生產以因應大眾需求的時代，若非如此企業就無法成長。藤澤以量產型的小狼號為契機，開拓銷售網的決策為HONDA急速成長，打下穩固的基礎。

經營危機

本田於一九五四年宣布參加ＴＴ大賽，那個宣言看起來八面威風，但事實上他正面臨創業以來第一次的經營危機。

而巧妙的度過那次危機，也是藤澤的手腕。

一九五三年七月，南北韓戰爭結束，也終結了特需風潮。日本國內的景氣從秋天起突然急速低迷，過了一個年以後，市況開始大蕭條。昭和二十九年（一九五四年）的不景氣（即俗稱的「二九年不景氣」），不僅中小企業受到影響，連尼崎鋼鐵、日平產業等大企業都宣布破產，產業界在經過重整淘汰後，帶來「開路」的效果，造成後來經濟的高度成長。能不能選對一條路生存下來，將影響那家公司未來的前途。

然而，HONDA如願在一月讓股票公開上市，同一年二月期所發表的年度營業額是去年的三倍。再加上資本額六千萬日圓的公司，竟然進口四億五千萬日圓的工具機也是當時的話題。當三月二十日本田對公司內外發表「曼島大賽參賽宣言」時，看起來一帆風順。

「我小時候的夢想，是開著自己做的汽車拿下世界賽車冠軍寶座……。

我們自傲的生產制度也建立完成，現在正是大好時機。於是我就下定決心明年一定要參加ＴＴ大賽不可……。

我們必須反映日本機械工業的真正價值，並在國際上展示。我們本田技研的使命便是當日本企業啟蒙的導師。在此我開誠布公跟各位報告我參加ＴＴ大賽的決心，同時為了獲得冠軍，我與各位共同發誓，我將盡我一切努力研發出好的產品，宣誓如上。」

本田想他們還沒有辦法用產品跟別人競爭，但是如果是參加摩托車大賽，就可以站上世界舞台。這個洋溢著挑戰之心與熱情的宣言出自藤澤的手筆，將本田的心意發揮得淋漓盡致。

然而，當這個宣言發出沒多久，HONDA的營運卻遇到前所未有的逆風。

首先，新產品的速克達「朱諾（Juno）」市場反映不佳。雖然引擎用塑膠玻璃圍起來，造型看起來比較俐落，但容易過熱。

而HONDA小搖錢樹「小狼Ｆ」的市場動向也冷了下來。後來加入的廠商推出新機型，將引擎裝在腳踏車的三角鐵桿中而吸走人氣。

主力商品的「夢想號」也因為提高排氣量導致引擎莫名其妙的故障，不斷接到客訴。

HONDA的主力商品，都集中在那個時候出狀況。

本田取消四月遠赴歐洲的預定行程，不眠不休地找出引擎故障的原因，工廠排滿的等著出貨的夢想號，暫停出貨跟被退貨的產品擠滿整個倉庫。

「有一天，主管叫我們大家集合。然後，看到本田先生與藤澤先生兩人站在那裡。老闆身上的白色工作服有點髒，也皺皺的。眼睛充滿血絲。藤澤先生在跟我們說明這個緊急狀況以後，老闆接著說話。他不再像往常一樣說些笑話或世界第一之類的。他只是跟我們解釋到底怎麼一回事。那是因為化油器的設計與安裝位置有問題，導致燃料無法供應而失速。但是，問題快解決了。老闆又跟大家道歉，說不好意思，給大家添麻煩了。當時不知怎麼搞的，讓人覺得胸口一陣溫熱，挺感動的。」（埼玉工廠負責組裝的新人堀越昇的回顧）

本田解決了技術問題。再來換到藤澤上場了。

「社長，祝您歐洲之旅一路順風。」

「沒問題嗎？」

「唉，您現在不在比較好。您去歐洲到處看看吧。其他的交給我就好。」

六月，藤澤把晚了二個月出發的本田送去歐洲考察ＴＴ大賽。

豪賭

藤澤面對的是資金的燃眉之急。倉庫堆滿貨品，又必須不斷支付貨款，公司的資金周轉頓時陷入窘境。

這個時候，HONDA並沒有擁有自己的生產機器。他們有的並非生產線而是組裝工廠。也就是說從零件商採購大部分的零件，然後組裝起來做成一輛摩托車。「連個齒輪自己都做不出來。我們只有組裝與塗裝線，連焊接都委外處理。」（河島喜好）

因此，理所當然廠商就等著收款。於是藤澤便賭一把。五月二十六日，他將所有外包廠商找來，拜託他們暫緩一部分的貨款。他一五一十的將HONDA的窘境攤在大家面前，並且誠懇拜託：「我們公司沒有辦法像以前一樣付錢了。所以，再來的訂單加上以前的出貨我們會支付百分之三十，但沒辦法寫借據，拜託大家忍耐一下。」

藤澤回想：「如果我當初答應寫借據的話就太冒險了。但是如果廠商不同意，我們也沒有零件可拿，工廠就無法動工。我真的是一邊說一邊出冷汗咧。當我總算說服他們以後，整個人都沒力了。」

當時，如果簡單寫下借據又付不出來的話，說不定HONDA已經倒閉了。雖然當場有兩三家廠商離席，但大部分的廠商都接受藤澤所提的「大幅降價但支付現金」的提議。

另一方面，藤澤也請求來往的三菱銀行幫忙，頭一次接受銀行融資。因為他認為公司在資金周轉的同時，也需要找一家主力銀行貸款，加強兩者的關係。

藤澤說：「我對銀行也是開誠布公的什麼都說了。毫不保留，我們公司的問題點也都跟銀行說。因為銀行了解全盤狀況之後才能做正確的判斷。」三菱銀行京橋分行的行長拚命的向高層說明HONDA的現狀與未來的藍圖，並提供全面的支援。

這個時候，本田正抵達英國曼島考察TT大賽。首先映入眼簾的是義大利或德國等各國GP賽車的雄姿，比賽一開始，他就被這些賽車疾駛的速度給震住了。他在宣言寫著：「我們要推出兩百五十CC、每公升五馬力的賽車。」換句話說，就是二十五馬力。而這一年優勝的車子快要一百五十馬力。世界的水準遠超過本田想像，簡直遙不可及。

本田寄給藤澤的航空信這麼寫著：「六月十四日，我第一次看到摩托車比賽，真的太厲害了。我真的受益良多。而且，我還增加了點信心，所以很高興。我想，現在公司應該很辛苦，就勞您費心了。」

本田即使受到打擊，但依舊不服輸，因此繼續拜訪英、法、德、義等國的摩托車廠。當他帶著採買的零件抵達羽田國際機場時，已經是七月底了。

藤澤滿臉笑容跑去接機，說資金都搞定了。

就在HONDA經營不順，每天如同走鋼索的那段時間，本田在十月成立TT大賽推廣本部，指派河島負責賽車引擎的研發。

「我們真的要參賽嗎？」

「不管怎麼樣都要參加。再這樣慢吞吞的，永遠趕不上了。而且，現在正是大家最辛苦的時候。愈是這種時候愈需要有一個夢想，不是嗎？想要賞花的話，就得現在趕緊播種啊！」

集體談判

商品、金錢，再來是人的問題。

雖然說HONDA已經度過危機尖峰期，但勞資問題正吵得沸沸揚揚。當時日本大部分的經營者為勞工問題花費很多心力。HONDA身為一個新興企業也從去年開始成立了工會，且在這一年的年底工會要求每人發放二萬五千日圓的年終獎金。

而藤澤的回覆是一律五千日圓。強烈反彈的執行部要求集體談判。藤澤則表示希望不是與執行部，而是跟主力工廠的埼玉製作所的全體員工溝通，而且達成了。藤澤問：「為什麼我會這麼要求呢？那是因為我希望在大家面前說出我的看法，如果大家理解了，就不會是執行部的責任。」我提出這種金額，有部分是顧慮到外包廠商，我不希望工會因為直接跟公司談判而造成內部分裂，讓外部組織有介入的機會。

藤澤單槍匹馬親赴埼玉工廠。在年底的寒風中，執行委員詢問站在一千八百位員工面前的藤澤：

「您提的五千日圓是什麼意思？」

「這是不會製造麻煩的最低金額。但是，假使公司再多出一點，造成公司倒閉，再來追究那時有沒有努力打拼，身為一位經營者而言這是說不過去的。與其如此，不如等到明年三月車子又開始賣得動的時候，再來跟公司談判比較適合一點。」

聽完藤澤的話以後，工會委員先是拍手，然後漸漸的影響到在場其他員工。

最後主委說：「那我們的集體談判，就到此為止吧！」

度過危機

本田並沒有實現「明年參加曼島大賽」的約定。HONDA等到五年後的一九五九年六月，才如願站上這個大舞台。他們在一百二十五CC級奪下第六名。兩年後的一九六一年，則各以一百二十五CC、二百五十CC級囊括第一到第五名。

從本田宣示參賽歷經七年，他總算如願以償。

一九五四年HONDA面臨創業以來的危機，而當時林立的二輪車廠也相繼倒閉。HONDA因為藤澤這一位軍師，將「勇於追求夢想」的本田宗一郎的特質發揮得淋漓盡致而度過危機。

藤澤向外界誇耀本田的「參賽宣言」，藉此慫恿零件廠商或經銷商「放眼HONDA的未來」。在緊要關頭讓社長遠赴歐洲的行動，消除了來往銀行的不安。接著高層挑戰摩托車大賽的正面態度，也撥動作業員的心弦、激發忠誠，大家都想「為了老闆，再怎麼辛苦都要努力打拼。」

藤澤利用這些動之以情的手法，再加上借用人事院官員的智慧建立現代化的薪資制度，建立合理化的生產管理，腳踏實地、符合邏輯地推動內部改革。

當時HONDA即使已是上市公司，但還無法從家庭工廠的師徒制度中跳脫出來。一九五四年的試煉，是他們脫胎換骨成為現代化大企業的轉機，而讓這個轉機開花結果的是另一位創辦人藤澤的才能。

一九五五年秋天，當日本陷入經濟不景氣的第二年，市況突然好轉，當時被譽為神武景氣（意喻自神武天皇以來未見之榮景）。在汽車業界豐田推出第一代豪華房車皇冠（Crown），東京通信工業（後來的索尼〔Sony〕）則推出第一台電晶體收音機成為社會話題。於是，日本進入技術改革創新（Innovation）帶來投資，然後再繼續投資的良性循環的環境。同時揭開高度經濟成長的序幕。

「茶室」的老照片

當HONDA度過一九五四年的經營危機以後，藤澤在跟總公司有點距離的銀座越後屋大樓租了一個房間，將牆壁上全部塗黑，一個人窩在那裡。另一方面，本田為了落實他參加曼島大賽的宣言，每天往返埼玉縣的白子工廠研發新引擎。這兩位創辦人離開八重洲的總公司，進入了真正的分工制度。之後，直到兩人退休以前，一年也只不過在餐廳碰了幾次面，徹底執行互不干涉的模式。

窩在銀座辦公室的藤澤，獨自思索著如何讓HONDA從地方的家庭工廠轉變成一家大企業。他蒐集了當時被捧為明星企業的東洋化纖（現為東麗〔Toray〕），同樣業界的豐田、日產，加上日立或松下等企業的有價證券報告，從既非學者也非分析師的實業家角度去做營運分析。

資料讀累了以後，他就去銀座逛逛然後回公司，讀邱吉爾或戴高樂的戰爭回憶錄。看看這兩位領導者如何面對難關——他們的經驗對於經營者來說有很多值得借鏡的地方。藤澤的閉門苦讀是來自三菱銀行副總裁川原福三（後來的HONDA監察董事）的建議。

「我看你乾脆做一間茶室算了。也不需要電話，過一下跟外界隔絕的生活看看。以前我所敬佩的一些人都是這樣，所以才有今天的三菱銀行。」

藤澤雖然說：「我又不會泡茶，也沒興趣。」但他還是選在離總公司不遠的地方，闢了一個小房間權充「茶室」，做為適合他靜思冥想的地方。

剛開始，不去公司上班對藤澤來說有點彆扭，但所謂公司這樣的組織一旦放手，站在遠處眺望卻有很大的效果。後來，藤澤在他位於東京六本木新蓋的家中闢了一個茶室。

藤澤喜愛的書還包括記者清澤洌的《日本外交史》或歷史學家平泉澄的《萬物流轉法則》等。清澤是一位反戰的自由主義分子，而平泉則是日本皇國史觀的信奉者。雖然是兩種完全不同的典型，但對於藤澤來說，他只是想從隻字片語中獲得經營的啟示而已。

企業就是藝術

這個時候藤澤認為「企業就是藝術」，將企業組織或經營比喻成一種藝術。他相信唯有自由闊達的精神磨練感性的創意，才是活力的泉源。

「大家都在無聊地揣測本田與藤澤其實是死對頭。但是，誰說公司高層就得一起行動？一年到頭都黏在一起的話，反過來說，就代表雙方沒有交集、溝通不夠，不是嗎？只要雙向溝通沒有問題，即使表面上各走各的，也沒關係啦！

我熱愛音樂，讓我用音樂來做比喻的話，就如同十九世紀為止的交響樂習慣指定這裡是第一小提琴，這裡是第二小提琴，那裡是大提琴之類的，透過這樣的分類演奏出整齊的和聲。但是一遇到巴爾托克（Bartok Bela Viktor Janos）的話，卻會變得零零落落，各彈各的調。遠遠一看，樂手們好像各自揮舞，但事實上，整體卻形成出一個美妙的樂章。

我個人以為，現代產業的高層經營就如同二十世紀後半的音樂一般。認為高層一定得與集團一起行動的想法，實在太奇怪了。所謂高層應該營造的經營環境，不是確保各人在自己擅長的領域中單獨勇敢行動，然後，整合這些行動朝向同一個目標前進嗎？」（取自《火把要自己拿》，藤澤武夫著）

藤澤對高爾夫或開車兜風等這些戶外運動完全沒有興趣，他的駕駛執照也常被用來當做鞋把。

然而，他非常熱愛藝術。不論是西洋音樂或日本國樂，他都造詣頗深，他甚至拿到常磐津（註：日本國樂淨瑠璃流派之一。於延享四年〔西元一七四七年〕由常磐津文字太夫所創建。江戶時期常用於歌舞伎舞踊之伴奏音樂。）的認證，而且也是華格納（Wilhelm R. Wagner）的忠實樂迷，曾遠赴德國參加拜魯特（Bayreyth）音樂節。無論是美術或者工藝品、珠寶等品味都是一流的。他努力接觸一流作品以磨練自己的感性，孕育卓越且富創意的經營能力。

在這樣的思索中，藤澤建立了內部的「專家（Expert）制度」、「將研究所獨立」、「集體思考的董事小組」等獨特的經營系統，讓後來的HONDA得以一飛沖天。

量產型的暢銷商品「超級小狼」

本田與藤澤平常雖然各走各的，完全沒有交集，但目標卻是相同。這兩個性格迥異的人互相配合所孕育出來的產品，就是風靡一時的「超級小狼」（Super Cub）。

這個暢銷商品讓HONDA躍昇為世界第一的摩托車廠。而這個改革正是集本田的技術思想與累積過去經驗之大成。

一九五六年年底到第二年春天，本田與藤澤兩人結伴前往德國與義大利視察。在回程的路上，藤澤跟坐在旁邊的本田洗腦說：

「社長，我覺得還是五十ＣＣ最好。現在沒有人會把一個大菜頭裝在腳踏車上了啦！我們就摩托車的整體來設計吧！」

在當時的日本，市面上開始出現一款附有踏板的Moped（註：為「Motor摩托車」與「Pedal腳踏板」的合成語。）摩托車，取代加裝引擎的腳踏車。這款摩托車被設計成一種泛用商品，鎖定大眾族群，鞏固基礎。同時，根據預測的產量建構大量生產的量產系統。因此，對於藤澤來說，無論如何一定要將基礎的商品弄到手。

「五十ＣＣ的車子怎麼做啊？」

本田在意的只是速度與馬力等最先進的引擎。

由北向南飛行的歐洲線飛機，因為停靠站多，所以要飛七十二個小時。本田一張開眼睛，藤澤就跟他提五十ＣＣ的構想。他不厭其煩的說服本田。

「不這麼做的話，不行喔！如果連這個都做不到的話，我想本田技研將來也別想有什麼發展了。」

他們兩人在德國看遍了摩托車。或許是藤澤嘮叨不休，只要一看到類似的產品，本田就會問：

「這個怎麼樣？」

「不行啦。」

「那這個呢？」

「這個派得上什麼用場？」

「那就找不到了啊！」

「就是沒有，才拜託您做啊！」

受到藤澤的挑釁，本田骨子裡技術人員的點子源源不絕地湧現。回到日本時，他已經有一個大概的藍圖了。他立即召開董事會，指示新產品的研發。

創意的集大成

本田的技術哲學，是徹底追求引擎的高速迴轉與獨創的外觀設計。他認為，速度與美感是產品的兩大要素。

本田一大早就去設計室大聲說：「喂，我昨天晚上想出了這樣的設計。」然後，大家一邊靠攏，他就口沫橫飛，愈說愈起勁。

漸漸地心急起來，乾脆就坐在地上用粉筆畫出他的構想。在他畫的同時，思緒又飛到下一步，所以就用手擦掉正在畫的東西，重新再畫。就好像街頭藝人在變魔術一樣。

當研發成員接手設計時，在背後看著的本田說：「唉約，不是這樣啦！」然後在他們畫得漂漂亮亮的設計圖上大刺刺地用鉛筆修改。提心吊膽的設計團隊佩服地說：「老闆看圖的速度好快，嚇死人了。而且直覺又敏銳，一下子就看出問題點了。」這是因為本田在落實他語錄記載的：「創意是一連串痛苦的智慧」「所謂常識是用來打破的東西」。

「這不是摩托車。也不是速克達。」本田心目中的二輪車光是設計就花了八個月的時間。以前研發速克達「朱諾（Juno）」時失敗的塑膠玻璃在這裡派上用場。

就在實驗車的模型完成時，本田將藤澤找來研究所。本田對著老遠趕來的藤澤劈頭一口氣說了十五分鐘，介紹這部車子前無往者後無來人的特色。

「董事，你看如何？你覺得我們可以賣多少台？」

「嗯，這個好。絕對賣得動。我看大概三萬台吧。」

現場研究所的成員不禁插嘴說：「啊？一年三萬台嗎？」

「說什麼蠢話！我是說一個月啦。」藤澤回說。

連本田都忍不住閉上雙眼，脫口而出：「啊?!」

HONDA二輪車的銷售台數每個月約六、七千台。日本全國加起來的摩托車銷售台數一個月最高也不過四萬台而已。一個機型每個月要賣出三萬台，簡直像天方夜譚般令人傻眼。

藤澤拜託本田：「我要的是一台睡在你旁邊那個人都同意讓你買的摩托車。」也就是說，摩托車要設計到連太太都會同意讓先生買的程度。

摩托車的引擎因為是外露，車體本身又是凹凸不平，亂七八糟。對於女性來說簡直是一個可怕的搭乘工具。因此，藤澤才會要求本田把摩托車的「內裝藏起來」。

湊巧當時被譽為「三大神器」的洗衣機、吸塵器與電冰箱正普及，所以家庭主婦掌控購買的主導權。因此，摩托車也希望能設計成女性也方便騎乘，營造一種家電感覺的產品。HONDA將擋風板與電池盒採用塑膠材質，做成一個曲線打造帥氣的外型，這正是藤澤想要的造型。

每個月三萬台的數字並不是藤澤打的如意算盤。他的用意是想對設計團隊施壓，讓他們知道業務已經有這樣的行銷準備，他們也必須全力以赴。

負責銷售的川島喜八郎證實：

「藤澤先生厲害的地方是在研發超級小狼時，已經先暗示本田先生當時市場可以接受的價格。本田先生就根據資訊指示的研發方向。但是，本田先生是技術出身的，他的良知常常讓他無法妥協而將產品愈改愈精良，無形之中提高了成本。這時候，藤澤先生就會說這個商品的市場價格應該多少，然後不計成本地訂了一個價格。那個金額一說出來大家都嚇了一大跳。竟然訂在五萬五千日圓耶。如果一個月賣不出個一千台的話，連成本都無法回收。但是，如果一個月能賣出三萬台的話，就合乎成本效益了。接著他就說拜託配合一下，然後就決定零售價的金額了。可是本田先生也很厲害，就說一聲『好，我做給你看！』就拚命設計了。」

從開始規劃到完成約花了一年八個月的時間。對HONDA而言，花這麼長的時間研發算是一個罕見的特例，超級小狼終於在一九五八年夏天上市。

開拓市場

為了行銷超級小狼，藤澤又使出DM的作戰策略。除了摩托車店、腳踏車行等原本的客戶群以外，他還將手伸到其他沒有關係的木材商、南北貨或是香菇農等不同業界。這是因為他看準這個行業需要售後服務，所以才鎖定地緣關係深厚的人，趁著這個機會他也重新整編了行銷網。

他從三千五百封的應徵者中挑選出六百多家，利用全國一千五百家店預計每個月賣出三萬台。

宣傳廣告也是藤澤的強項之一。他習慣將產品小露一角給觀眾看，用一種新奇大膽的做法做為行銷預告。就如同現在的前導廣告（Teaser）或報紙整版廣告。

「宣傳或廣告是一塊禁區，我們都不得隨便插嘴。一切聽藤澤先生的就對了。」（川島）

這個時候，藤澤集結公司外部的年輕人做腦力激盪。從設計師、音樂家到證券業務員都有。大家一起喝酒然後聽聽他們的看法。有時還因此想出廣告詞。

像是「太太，妳看連蕎麥麵都坐得好好的哦！」這樣的廣告詞，搭配蕎麥麵老闆站在

雜誌上所刊登的「太太，妳看連蕎麥麵都坐得好好的哦！」的知名廣告。超級小狼自昭和三十三年（一九五八年）推出以來，一直是暢銷商品。

（資料來源：（股）東京平面設計師）

店門口一副要送外賣的樣子。而且老闆還一手握著超級小狼的把手。

本田就研發的立場發表意見：「蕎麥麵那個送外賣的小弟選擇單手操作的摩托車喔！」他選擇強調不需要按離合器（clutch）的自動控制方式。

「社長想要表達的是超級小狼很適合蕎麥麵店外送的人來騎。我們就照這個方向走吧！」就這樣決定了廣告的內容。這個廣告讓蕎麥店的客人增加，路上送外賣的都騎這款摩托車。

生產台數呈直線型上升，一九六〇年HONDA將生產線移到剛竣工的鈴鹿工廠，那時月產兩萬五千台。由藤澤構思在本田全盛期時發揮製造天分所得出的傑作「超級小狼」之後並沒有太大的改良，現在在全球十三個國家生產，行銷世界一百六十個國家。直至二〇〇五年十二月底，全球累計的總銷售台數已突破五千萬台。

研究所的獨立

一九六〇年七月，從HONDA獨立出來的本田技術研究所舉辦創立典禮。

新公司百分之五十的股份屬於本田技研，剩下的百分之五十則由本田與藤澤兩人平分。社長由本田擔任，藤澤為副社長。

本田在典禮上致詞說：「在這個競爭激烈的業界裡，如果不能想出全新獨創的點子就無法稱霸國際。日本這個國家，從以前以來就是靠創意起家的。」展示他想用技術在世界舞台上一決勝負的雄心。

汽車廠將研發部門獨立出來，成立另外一家公司的，到現在也只有HONDA而已。這個構想來自藤澤，而且還是半帶強迫做到的。

「HONDA之所以可以發展成今天這個地位，完全是靠本田宗一郎所想出來的（技術）。但是，公司不能永遠只仰賴一位天才的能力。取而代之的是，我們需要確立一個技術團隊，同時建構提高團隊整體能力的制度。」

這是藤澤看到本田的奮鬥過程，心有所感的看法。HONDA的事業內容已經超過本田個人秀的範疇。當時，他只要想到沒有本田的話，就沒有人能夠研發，他就不寒而慄。

藤澤第一階段是實施專家（expert）制度，清除阻礙技術人員升遷或升任的絆腳石。第二階段是將一九五七年成立的研究所，從總公司抽離獨立出來。

因為他認為在總公司那種金字塔型的組織中，無法讓技術人員盡情地埋頭研究。所以只好將研究所獨立出來，與總公司脫離。

「我年輕時讀過夏目漱石的《三四郎》中寫過一個場景，在日俄戰爭大家高舉國旗鼓躁興奮時，有一位學者，卻在大學地下室默默地擦著玻璃。這個畫面深印我腦海四十多年，忘也忘不了。我認為，企業所需要的就是營造一個環境，讓這個擦玻璃的人能夠盡責、冷靜地做事。唯有如此，技術人員才能一層層的累積，同時找出守得住企業的商品。」（摘自《火把要自己拿》）

藤澤在技術研究所成立以後，為了加強研究所的獨立色彩，因此成立「創成會」這個財團，並將自己與本田所持有的百分之五十的股份全部轉交財團保管。因為先前他們已經交由信託，因此美國的承辦公司對這個計畫存疑而讓這個柏拉圖構想作罷。這個逸聞曾在《HONDA五十年史》中介紹。從「柏拉圖式技術研究所的構想」，我們不難看出藤澤對於研究所與技術研發抱予多大的期望。

一九六一年，研究所於埼玉縣大和町（和光市）所蓋的新大樓竣工了。本田在公司簡介中，以技術研究所所長的身分寫下這麼一段話：

「思想為企業發展的原動力。因此，對於研究所而言，除了技術以外，更重要的是尊重同仁們的思想。我個人認為，真正的技術是哲學的結晶。我一向放眼世界，尊重理論、創意與時間，同時認為製造出世界各國歡迎的產品才是研究的真正意涵。」

這個時期，藤澤正推動研究所與總公司脫離，自行獨立，所以傾力充實研究所的技術能力，甚至讓技術出身的本田吃驚。相對的，本田則訴求「思想比技術更重要」的看法與理念的重要性。在這個部分兩個人可說是最佳拍檔、心意一致。即使他們各有立場或主張，但迎向「世界」的這個目標，是相同的。

挑戰世界市場

當本田與藤澤結伴前往歐洲考察的同時，營業課長的川島喜八郎正在東南亞調查市場。第二年的一九五七年再去美國考察。在川島眼中，美國簡直是汽車王國。對於美國人來說，車子像拖鞋一般，是日常生活不可欠缺的必需品。另一方面，騎著摩托車趴趴走的是穿著黑皮夾克的暴走族，一年只有六萬台的銷量。美國的摩托車店大都光線昏暗，而且地面上滴著油漬。就是一幅昏暗、恐怖與骯髒的三K印象。

川島感嘆：「美國究竟不是摩托車王國。」因此提議：「與其從美國開始，倒不如選擇東南亞還比較好進攻。」

然而，藤澤有不同的看法。他認為只有美國才是能夠實現HONDA夢想的主要戰場。

藤澤說：

「如果我們能在資本主義的大本營、世界經濟中心的美國成功登陸的話，就能夠將版圖擴展到全世界。相反地，在美國賣不出去的產品，也別想在國際上流通。我們還是進軍美國吧！」

也有些董事建議應該與商社合作出口。對於這一點，藤澤同樣的主張應該成立HONDA直營的銷售公司——美國本田公司開拓自己的行銷網。

當「超級小狼」推出後，HONDA的出口環境也已整裝待發。同時，因為這個機型採用量產制，使得HONDA更是得利用出口提高產量與利潤。當時日本的外匯仍然缺乏。通產省（即經濟部）常諷刺地說：「HONDA從國外買了最貴的機器，卻又不出口。」可是一旦他們跟大藏省（即財政部）申請匯出百萬美金，以便在當地設立法人公司時卻又遭到駁回。因為當局認為日本的汽車大廠在美國打天下都很辛苦了，更何況是摩托車廠？

「我生平頭一次，也是最後一次拜託參議員幫我說項，那時候我請求他說為了日本的發展，只能拜託他出馬了，無論如何，這一次一定要讓我們用美金外匯。」（藤澤）就這樣HONDA獲得大藏省的核准。

一九五八年五月，藤澤把川島叫來，說：「你給我去美國。你是我最後的一張王牌了。」那時，三十九歲的川島心裡七上八下的：「我能承擔這樣重的任務嗎？他給我的任務很重耶！」不過他還是以美國本田公司負責人的身分起程了。同時，一九五九年九月在洛杉磯找到一間辦公室開始推展業務。

美國的先鋒部隊

「超級小狼」在美國打出名號。它的擋風板設計與寬闊的腳踏板，即使女性騎乘，也不會讓衣裙飛起。超級小狼具備摩托車的功能又能消除摩托車給人三K（昏暗、恐怖、骯髒）的刻板印象。

本田宗一郎夫婦與河島喜好為出席美國二輪車工廠動土典禮抵達俄亥俄州可倫帕斯機場之一景。現場由州長J・羅斯（右起第二人）接機。當時，美國記者問本田宗一郎：「請問您選擇俄州的原因是什麼？」（因為有其他州也對HONDA釋出善意）他回答：「這完全是上帝的指引。」

兩百五十美金的售價連大學生都能夠存錢貸款購買。HONDA看準這款機型適合大學生在校園中行駛。一九六一年，美國本田突破了每個月一千台的營業目標。因此便在《生活》（*Life*）等雜誌刊登廣告，宣傳摩托車是一種既流行又實惠的大眾商品。超級小狼成為生日禮物的最佳選擇而引爆人氣。一九六四年，在美國奧斯卡獎的頒獎典禮上，HONDA成為唯一的第一個海外贊助廠商，他們的廣告在全美播放。HONDA的形象策略扭轉了美國對摩托車根深柢固的印象。「HONDA」品牌的摩托車在美國市場紮根，確實的踏出進軍世界的第一步。

藤澤所秉持的：「立足世界，先從美國開始。」的理念，一直到一九七八年開始在當地生產而真正的開花結果。

成功讓HONDA在美國設立工廠的人，是接任本田的河島喜好社長。一九七二年，推出的喜美（Civic）不管在國內外都受到好評，有人因此建議在鈴鹿工廠增加生產線。但河島認為：「與其在國內增加產能，倒不如趁日本的車廠尚未在美國設廠以前，先建設二輪車，甚至四輪車的工廠。」於是HONDA便在美國籌備建廠事宜。

河島說：「那個時候的決策並不是像大家預期的，而是一種知彼知己的作戰策略。」，

「事實上，喜美在推出後第四年開始大賣，董事會也決議鈴鹿製作所開設第二生產線以做因應。但是，社長與我就是沒辦法同意。當這個計畫當時執行時，豐田就會全面開戰。所以並不是一個好的策略。當時HONDA與豐田，就像是兩個半斤八兩的小弟去挑戰老大一樣。」河島在評估形勢之後，就向川島與西田兩位副社長提議：「那乾脆我們就在美國生產好了。」

「他們兩人那時真是不知如何是好。站在我這邊只有本田與藤澤兩位創辦人。」本田鼓勵我說：「日本戰後的汽車產業之所以興盛，要感謝美國的支持。所以，去美國設廠吧！」然而，其他的董事都反對。他們擔心的是匯率與勞工素質的問題。

一九七八年，HONDA在美國成立法人公司，在俄亥俄州西南方的東自由區（East Liberty）建設工廠，成為日本企業進軍美國的先鋒部隊。一九七九年從二輪車開始，到一九八二年的雅哥（Accord）、一九八六年的喜美等自用車，都在美國生產而且策略成功。即使在美日貿易最緊張的時刻，美國都不得不承認「HONDA對美國經濟極有貢獻」。

現今，HONDA的摩托車在日本的產能不到該公司的兩成，自用車也大多在海外生產。現任社長的吉野浩行自信滿滿地說：「日本的汽車市場含輕型汽車在內不到世界的十分之一。剩下的九成也幾乎在海外。因此，只要將生產或銷售的比例放在海外，那麼即使日本的景氣低迷影響也不會太大。反而是那些不曾在海外奮鬥的業界，現在應該很辛苦吧？比方說，金融、建築、不動產之類的。目前的狀況對那些曾經踏出日本去打拚的企業，應該都還好吧？」

美國的消費者沒有所謂的第一印象，只要產品夠好，不管是哪裡或哪家公司製造的就會給予一定的評價，而且埋單帶回家。索尼或者HONDA都是被美國市場所接受，一夕間成為大企業的例子。藤澤所說的：「立足世界，先從美國開始。」就是押對寶了。

董事四人小組

藤澤常說：「創辦人最重要的工作，就是留給下一個接棒者正確的基本經營事項。」

藤澤將研究所獨立成另外一家公司的用意，是想讓一群專家的力量充分發揮以取代本田宗一郎這位天才。

同時，他也必須栽培像他自己這樣的經營專家。

HONDA寬廣的董事辦公室。大家聚在這裡快速有效討論課題或商量事情，左起第二人為河島喜好。

本田在一九六二年春天開始動筆寫〈我的履歷書〉時，河島喜好才三十四歲就當上董事，在這前後的一兩年內，年輕的高階主管接二連三上任。河島為埼玉製作所所長、川島喜八郎為美國本田的負責人、西田道弘為海外部總經理、白井孝夫為技術研究所所長，之後被視為董事候補的後繼者均兼任各部門總經理或所長。

某一天，藤澤將他們找來八重洲的總公司，宣布：「你們幾位，卸下現有的職務吧！」同時要他們進駐總公司董事辦公室的大房間。

「我們每天各有各的工作，我們來

這裡能做什麼呢？」

「我一直在工廠上班，來總公司也派不上用場。」

他們雖然稱呼藤澤「伯父」，但是要等到過了三、四個月以後，才了解他的真正用意。

「仔細想想，我們雖然各自負責不同的部門，但董事會的事情卻是沒有碰過。藤澤先生為了讓我們進入狀況，所以才毅然決然地這麼決定。」（前副社長西田道弘）

藤澤給了功課說：「去想想，董事應該做些什麼。」

於是這些成員每天就不斷的討論。他們面對近似參禪般的問題，有時還去銀座的黑輪店或燒烤店討論。

「本田先生與藤澤先生一認識就跟新婚夫婦一樣，一同行動不斷地討論問題。在HONDA成立後的七年左右立下我們的企業理念。我們現在就如同他倆當年的做法，針對各種事情進行討論，只是形式稍有不同。這樣還能夠了解彼此的個性。」（西田）

藤澤將這裡稱為「集體思考型的高層辦公室」，並說明他的意圖。

「能夠擔任公司高層的人，一定具有某方面的特殊才能。我用我一個人的力量，將這些人從原本的部門拉出來，集合在一間董事辦公室，不去管部下那些瑣碎的事。即使每天的話題對他們來說是陌生的，但是，能做高層幹部的人，一定有能力發現基層人員所忽略的地方。而且，共同的話題愈多，大家對專門性的事務也愈了解；愈容易溝通，就愈能減少誤解。」（摘自《火把要自己拿》）

組織一旦變大，就容易出現官僚制度的弊端。於是，部門主管每天就是在管理部屬、決議文件或請款單上蓋章中度過，整天只盯著如何保護組織。研究所在經過藤澤改革後，變為水平型組織，另有一番景象。然而，工廠或業務、管理部門卻不可避免地形成金字塔型的指揮命令系統。官僚組織的公司若想避免罹患「大企業病」，便需要跳脫部門主管的思維方式，從高處重新審視公司。藤澤正在為自己或本田退休後的集體領導體制預做準備。他希望透過幹部間活絡的意見交流，快速的決斷力，以維護新興事業的營運精神。

離開總公司窩在「茶室」的藤澤，得出這樣一個結果。

兩種個性

藤澤一貫地將本田拿出去當招牌，而自己躲在幕後。而且，對他來說，保護這個模式繼續運作就是自己存在的意義，一種男人的美學。他教本田宗一郎這樣的明星人物怎麼表演，讓他在舞台上大放異彩、顛倒眾生——這就是藤澤的生命價值。他最後的一大任務，就是幫這位明星準備豪華的台階優雅謝幕。

HONDA藉由小型汽車的喜美一炮而紅，而鞏固了他們身為四輪車廠的地位，又是公司創立二十五周年的大好時機。這一年的一月，藤澤雖然決定讓周圍隱約感覺到他們可能退休，但卻未事先徵詢本田的看法。因為，他想如果直接跟本田說的話，反而會造成他的困擾，因而作罷。當藤澤聽說本田從其他高層幹部得知自己辭職的心意時立即反應「要辭的話，兩人一起辭，我也是。」頗為後悔。

「我跟本田宗一郎認識二十五年了，就只有這麼一次出錯，是頭一次也是最後一次。」

「專攻中國文學的吉川幸次郎老師說的好，他說經營的『經』指的是直線。織布時，直線不動、一直穿過去。所謂『營』就是橫線，因為有不動的直線一直穿過去，橫線才能自由自在移動。我認為，經營就像一條粗的直線穿過去，而橫線可以因應狀況自由移動。

我與本田宗一郎認識，成立本田技研的前兩年幾乎每天促膝長談，甚至常常談到凌晨三、四點。因為這樣的溝通，才有本田技研的直線，而賦予這條直線個性的就是本田的人

格特質，也可以說是我的浪漫吧？」（摘自《火把要自己拿》）（註：直線意指理念，橫線意指落實理念的具體做法）

本田與藤澤在外表、個性或興趣等等各方面上都是南轅北轍的。本田體型精悍敏捷、好辯多話，喜怒哀樂形於色，個性開朗卻又脾氣暴躁、說了就做。

而藤澤則是體型高大、溫文儒雅，較為沉默寡言。在服裝的品味上，本田喜歡跑車常用的色彩鮮豔的原色系。藤澤則偏好和服，有時還會穿白襪加草木屐，一派悠閒地上班。本田比較擅長道聽途說，書籍方面頂多是看看立川文庫的作品；相反地，藤澤則喜歡文學名著、回憶錄或戰爭記錄等歷史書籍。

本田年輕的時候雖然也喜歡與藝伎冶遊，玩些尺八（洞簫）之類的樂器，但最愛的還是玩機器。當他退休以後，就迷上高爾夫球，也學學日本畫以消磨時間。從他畫狗的遺作中，一根根的細毛可以看出他是一位徹底的寫實派。藤澤則對於開車或者運動等毫無興趣，屬於室內型的文青派，他喜歡欣賞一流的名畫或舞台藝術。

然而，兩人的生活哲學卻令人吃驚的雷同。他們互相尊敬對方的優點、尊重彼此的個性。但反過來說，該說的時候也不客氣有話直說。因此，反過來看，他倆七嘴八舌的說笑

本田宗一郎（左）與藤澤武夫爽朗的笑臉。昭和四十七年（一九七二年）兩人在第三屆本田創意比賽中的合影。

簡直就像相聲一樣，配合得天衣無縫。

兩人同樣出身貧窮，也都沒有受過大學等高等教育。同樣都是年紀輕輕就自己當老闆獨自營生。清貧的遭遇與年輕時的獨立、戰爭經驗等讓兩人成為「人生高手」。他們的這個人生準則即使在面對下屬也是一樣的，充分授權給年輕後進。本田的拳頭是隨時準備丟扳手的，而藤澤也是會破口大罵的人。雖然他倆都有嚴厲的一面，但「老闆」本田宗一郎與「伯父」藤澤武夫的叱責絕非冰冷無情，而是朝氣蓬勃的。他們兩人的努力是內斂的，作風細膩，相當懂得人性。

兩人同樣淡泊名利，律己甚嚴，嚴禁公器私用。在金錢方面有潔癖，絕不會用公家的錢吃喝玩樂。當一九五四年公司陷入危機時，兩人相互約定：「不要讓我們的兒子進入公司任職。」以避免世襲化。

比本田小七歲的弟弟弁二郎也是一位技術人員，從在亞特商會濱松分店時代就與本田在一起，也於一九六二年辭去常務董事的職務。松下電器產業、豐田、索尼等不少大企業的創辦人都讓自己的後代繼承，因此本田與藤澤的做法可說是例外的作風。

退休後，如果有需要，藤澤就以指導的身分，提供一些經營建議，也會穿著和服出現在總公司，但卻沒有在正式場合現身。他過著悠然自得的生活。他在六本木的住家旁，緊鄰著他兒子開的美術骨董店「高會堂」，他身為房東，沉醉在常磐津、古典音樂與美術等興趣中。

一九八八年十二月三十日夜晚，藤澤在與家人一家和樂共享火鍋時，突然心臟病發作與世長辭。享年七十八歲。第二年一月在東京芝的增上寺舉行社葬，本田在典禮上感謝亡友說：「我們兩人都盡情燃燒自己，這一生過得相當幸福。我們兩人從來不提往事，講的總是未來的夢想。」

6 謝絕葬禮

感謝之旅

六十五歲辭去社長的本田，還朝氣蓬勃，老當益壯。他受不了每天無所事事，心想「我去跟所有為HONDA打拼的人道個謝吧！」，因此就展開他的「感謝之旅」走訪日本全國的工廠與經銷商。遠一點的就搭私人直升機，近一點的就自己開車去。這位商業界的英雄所到之處莫不歡聲雷動，大家搶著握手。這趟握手之旅花了一年半的時間。兩年之後，引擎的聲音才從本田的腦海中消失。

本田雖然對於工作不再執著，但是天生的好奇心卻絲毫不減。

他做一些有關靈魂的實驗或蒐集世界各國幽浮（ＵＦＯ）的相關資料，繼續「燃燒」他的研究熱情。

同時，身為HONDA的金字招牌，他也不遺餘力地為社會貢獻己力、促進海外文化交流等。

日本各地的政府機關或團體請他擔任委員或董事的邀約如雪片般飛來，他的社交活動也更多了。另外，還不斷接到演講或媒體的對談等的邀請。一九八一年春天，本田獲頒日本一等瑞寶勳章。他也榮獲不少世界各國頒贈的動章或榮譽博士。一九八九年，他成為首位獲選進入美國汽車名人堂（Automotive Hall of Fame）的亞洲人。

一九九〇年，榮獲ＦＩＡ（國際汽車聯盟）頒贈金牌，以獎勵他對於Ｆ1的貢獻。這是繼保時捷（Ferry Porsche）與法拉利（Enzo Ferrari）之後史上第三位榮獲這個殊榮的人。

每年七月他會在西落合的豪宅中舉辦「香魚釣宴」，參加的貴賓從財政界到藝文或體育界都有，可見他交遊之廣。

除此之外，本田與藤澤也做了不少社會公益活動。

比如「作行會」就是他倆於一九六一年自掏腰包所成立的獎學金。這個獎學金以培養科學技術人員為宗旨，成立以後共有一千七百三十五位研究者受惠。申請者只需提出一份外文報告便可領取三年的獎學金，同時不限制獎學金的用途。他們兩人貫徹「長腿叔叔」的精神，直到這個獎學金在一九八三年取消時，都不曾對外公開兩人的姓名。兩人退休後也成立了財團法人「交通安全學會」。

此外，一九七七年本田和弟弟弁二郎共同投資四十億日圓，成立「本田財團」，以環境技術為議題舉辦國際研討會或頒贈本田獎等。

摯友井深大

在財經界中，就屬索尼（Sony）公司的創辦人井深大與本田最惺惺相惜。井深小本田兩歲。兩人是在一九五八年，當HONDA與索尼同樣身為日本戰後新興企業，在成長道路上突飛猛進時認識的。他們同樣經歷過戰後顛沛的時代，憑著挑戰的精神與勇氣一手打造國際型的大企業，也幾乎在同一時期退居幕後。而他倆最投緣的莫過於在「製造」方面全心全力發揮技術人員創意的精神。「我們是那種只要對方拜託，二話不說動

井深大（索尼股份有限公司榮譽創辦會長，左）與本田隨時都感受到彼此惺惺相惜的深厚情誼。昭和六十一年（一九八六年）。

手就做的交情。」（井深）

當日本國會要求井深出席臨時行政調查會接受質詢時，他嚇出一身冷汗，感到危機四伏，因此拜託本田企畫一個日本行政改革促進座談會。他們兩人身為代表，結伴在日本各地演講。本田在與井深的對談中（一九八四年出版之《我倆的行政改革》）曾粗聲粗氣地表示：「我呢，是很想警告社會大眾。反正只要聽公家機關話的公司，沒有一家不倒的。這就是我的原則。」井深則附和說：「結論出來了。」後來，當中曾根內閣將「行政改革」調整成「教育改革」時，他倆也諷刺地立即將座談會內容改為「教育談話」，並高談闊論起來。

本田說：「我呢，沒上過學，所以搞不太懂啦！不像那些上過學的人。可是我之所以不去學校，就是他們連我討厭的東西也教。如果我只要學我想學的，我就很喜歡上學了。什麼都懂的話，其實就是什麼都不懂。現在日本教育的問題就是教出一些滿嘴道理卻又沒用的人。如果一家公司用一個人又不讓他發揮所長的話，不到十天就要關門大吉了。」

井深說：「其實現在已經不需要義務教育了。因為，當初之所以有義務教育，是在明治初期鼓勵大家來上學也沒人要來，所以才有這個制度將教育納入國民義務，讓大家都能來上學，但是，現在還來這一套……。」

本田會在大分縣成立了一個專門聘用身障者的「HONDA太陽」公司，也是經過盟友井深牽的線。

一九七八年一月，本田在井深的介紹下，訪問了整形外科醫師中村裕在大分縣別府市經營的「太陽之家」。當時中村呼籲：「人世間有身心障礙這件事，但工作上沒有。」「與其保護，倒不如給他們工作。」他主張身障朋友的真正幸福應該是加入生產行列，身為社會的一分子與正常人一起生活，因此便在一九六五年建設並經營社會福祉法人的建教設施。

本田在中村的陪同下參觀重度身障者拚命工作的樣子後，感動地說：「怎麼搞的，我眼淚流個不停。」接著表示：「好，我也參加！HONDA也應該要加入這樣的公益活動。」然後，立即委託他們生產二輪車的車速表。

一九八一年，在關係企業的投資下本田成立了HONDA太陽公司。該公司負責管理並經營生產事宜，而「太陽之家」則管理員工的健康與日常生活的支援。這家公司專門生產輪椅等用品。

謝絕葬禮

一九九一年八月五日，因癌症引發肝功能不全，而住進順天堂醫院治療的本田辭世了，享年八十四歲。世界媒體都大幅報導他的死訊。美國的《紐約時報》用一整面篇幅追悼並介紹說：「本田是一位天生反骨的汽車技術人員，勇於抵抗政府的政策，也是一位在第二次世界大戰之後，從日本戰後的廢墟中，一手打造世界最先進企業的經營者。」

本田在生前時常交代：「不要公祭。」他說：「公祭會阻礙交通，給大家帶來麻煩。我們製造汽車的人，絕對不能做這種事。」

因此，HONDA除了東京青山的總公司以外，還在埼玉、鈴鹿等製作所舉辦「感恩之旅」取代公祭。總共有六萬二千人前往會場弔唁本田。井深大在接到本田的死訊時，在報紙上發表這樣的感言：「本田不辦葬禮也不守夜。但他已經留給這個社會太多太多東西了。這是他人生中，最後一件最讓人佩服的事。」

去會場參加追思的井深在離去前，突然轉身在HONDA與索尼共同研發的小型發電機前面站了一會兒，輕輕說：「我聽到他跟我說：『你還要繼續加油哪！還不能到天堂這裡報到！』」井深在一九九七年十二月辭世。日本失去了一位舉世公認，無人可及的「製造天才」。

然而，創業者的精神卻用另外一種形式延續下去。在不少名門或一流企業業績低迷或陷入醜聞危機時，HONDA與索尼卻堅守經營方向、持續大幅成長。因為他們都堅守企業的特性，而支撐HONDA和索尼的，正是本田宗一郎與井深大所深植的企業家的精神。

第三部

本田宗一郎語錄

三種喜悅

我將「三種喜悅」視為本公司的座右銘，指的是創造的喜悅、銷售的喜悅與購買的喜悅。

第一，創造的喜悅是技術人員才能享受的喜悅，如同上帝以他豐富無邊的創作慾望製作宇宙萬物一樣，技術人員也應該以自己的個性製造產品、貢獻文明社會，這是無法取代的喜悅。如果那個產品精良獲得好評的話，對於技術人員來說更是至高無上的喜悅。身為技術人員的我，隨時都抱持這樣的意念，努力做出這樣的產品。

第二，銷售的喜悅是指賣產品的人的喜悅。我們是一家廠商，我們公司所製造的產品透過各個代理店或經銷商的努力交到有需要的人手裡。此時，這個產品如果品質佳、性能優良又價格低廉的話，幫我們銷售的人一定會盡心盡力去賣。物美價廉的東西一定會受到好評。產品賣得好就有利潤，推銷的時候也比較大聲，這就是一種喜悅。做出來的產品讓賣的人不覺得喜悅的話，那就是一個不合格的廠商。

第三，購買的喜悅也就是買的人會覺得高興的產品，才是決定這個產品價值最公平的標準。最懂得產品價值、給最後審判的人，不是廠商也不是經銷商，而是平常使用這些產品的消費者。唯有讓買的人發出「啊，這個產品好棒喔！」這樣的喜悅，才是產品價值的皇冠。我時常私底下引以自豪的是，我們公司產品的價值就在產品本身，那是因為我深信買的人一定會用得高興。

這三種喜悅是我們公司的座右銘。也是我竭盡全力努力落實的目標。

（一九五一年十二月）

產品之美與藝術

有些女人長得並不頂美，但儀態很美。那是因為她們注重自己的儀態勝於容顏。臉的美醜是天生注定的，但一個人的想法，卻可以決定儀態的好壞。所以說，一個人的儀態反映他的內心。

氣質、品格與才智的高低與否，是一目了然的。

摩托車也有它的儀態。我一直堅信只要儀態端莊，那些引擎的結構或功能等內裝，也都一樣充實。

我個人偏好氣質佳、端莊，稍帶豔麗的儀態。這次我所構想的四行程夢想E型正是這樣的儀態。我理想的儀態還會繼續新增下去……。再怎麼說，只注重一些俗麗的配件就會像酒家女一樣，因為缺乏內涵，所以也沒有魅力。

即使日本的機械工業全都輸給國外，但我認為製造摩托車是老天給我的使命，所以我一定要設計出不輸國外產品的端莊儀態。而且，我深信一定會實現。

在日本大部分的工廠都由軍方支配時，那時候的產品因為要比照三八式步槍，所以只注重實用與否。做出來的產品用是能用，但拿到國際市場卻賣不出去。所以，如何讓產品具備實用價值，應該是商品學入門的第一堂課。除了實用價值以外，當產品也具備了藝術價值時，才算是一個完全的商品。

例如美國汽車，一般除了具備完全的實用價值以外，也達到頂尖的藝術境界，因此，在國際上都被視為優秀的商品。

從這個意義來看，要成為一位現代優秀的技術人員，除了需要具備一流的技術以外，也應該是一位優秀的藝術家。需要兼具科學家的智慧與藝術家的感性才行。

（一九五二年一月）

資本與創意

在社會進步速度緩慢的時代中，事業經營成為一項經濟資本時，就是經營事業的最根本要求。

例如味噌或醬油等需要一定時間製造的產品，就是需要具備一定資本實力的事業。這就是為什麼味噌或醬油工廠，大部分是由地方上的財主經營的。然而，像現在，一般過去十年、二十年的進步縮短成一年半載的時代裡，事業經營的基礎，反而是經營的創意比資本實力來得重要。

如同地主一樣，封建時代裡持有土地只要繼續持有就能夠永保地位。另外，第二次世界大戰前，擁有經濟資本實力的人說話就比較大聲，也就能保有地位，但像現在全世界都在快速進步的時代裡，資本實力的重要性已經比不上創意。

領先時代的創意才能把經營帶向繁榮的康莊大道。一旦缺乏好的創意，那麼再抱多少鉅款，也會因為趕不上時代的公車而成為失敗者。

也有人認為，沒有資本就經營不了像樣的事業，其實這不是缺乏資本，而是欠缺創意。最明顯的是，現在不乏一些資本少但發揮創意而大展鴻圖的公司。相反地，資本雄厚的工廠擁有一大堆工人，卻經營不善而赤字連連的也大有人在。

時代的急速進步，反轉了事業經營所需的資本與創意的重要性。

（一九五二年三月）

技術與個性

馬蒂斯（Matisse）與畢卡索（Picasso）的畫，都是一些只有一個眼睛的臉，或者在樹幹上掛著女人的臀部之類的作品，我們用一般常識所無法看懂的藝術。

只有一個眼睛或者樹幹上掛著女人臀部之類的作品，如果以我們習慣的經驗或從小被教育的看法來看，確實是奇怪又難以理解的。

然而，我們需要注意的是，不管是經驗或者我們被教育的看法都是既有的東西，換句話說，就是以前有的東西。這也是我們跳脫不了人類眼睛被界定為兩個的既有經驗，及缺乏個性的看法。

一直以來，小學美術課的評分標準，都是以畫作跟實物像不像來給分的。比方說，畫蘋果的話，就根據畫的跟那顆蘋果像不像來給分數高低。真正先進的老師，是不採用這種教學方式的。總之，學校是根據畫得像不像決定作品的好壞，所以單純的寫實派畫風就愈來愈盛行。

如果畫作的價值在於畫得相似與否的話，那麼畫得再怎麼精巧也比不上照片。最近的彩色照片，更是逼真。

然而，不管照片再如何進步，畫作之所以被推崇的理由，是畫者的獨特觀點——也就是說，作品裡洋溢畫家獨有的個性。

那是畫家用雙眼觀察、用個性感受之後，所畫下來的作品。

同樣的一顆蘋果，想像著北國寒冬裡枝頭所掛著的蘋果，與在信濃高原清澄的空氣中美麗的姑娘們採摘的蘋果，或是想像蘋果又酸又甜的口感所畫下來的感覺等，全都因為畫的人的感受而不同——正是因為畫作裡流露作者的個性，才有它的價值。

技術也是一樣的。缺乏個性的技術設計出來的東西就沒有價值。以前日本的技術大部分都是模仿而來，特別是在二戰期間模仿國外產品，從國外的創意或黑白照片製造產品；其中最嚴重的就屬軍方了。不管技術人員想出來什麼好的創意，經辦人不懂得的技術就不蓋章，因此埋沒了好點子，養成大家一天到晚模仿別人的狀態。

我們覺得藝術畫作只有一個眼睛很奇怪，或許是因為從過去的經驗來看，覺得畫作很醜、很怪異、看不習慣的關係。

像這樣受限於過去的經驗，就無法想出好的發明或創意。當然，並不是說過去的經驗不重要，而是應該正視過去的好壞，同時不被影響與牽引，具有一種自由的看法與感受，才能想出卓越的創意。參考過去所產生的第二次智慧，就是發明或創意，屬於二次元或三次元的世界。大多數的人常說自己行或不行，事實上，只有上帝才能決定誰不行。我認為，注定會進步的人，字典裡面沒有「不可能」。

如果我們這麼想的話，那麼馬蒂斯只有一個眼睛的畫，也沒有什麼奇怪的了。

先前在小學的美術課中，我曾說比較先進的老師懂得尊重學生的個性，鼓勵學生自由發揮個人特性，而在書法課方面，比較先進的老師也不會只要學生臨摹碑帖，而是讓學生發揮個性，全班一起欣賞或評比同學的作品。對於作品的好壞，並不是用本來的「好」或「壞」來評斷，而是用「喜歡」或「不喜歡」來欣賞。

如我以上所說的，我深信技術也需要個性為後盾，但是，個性並不是天生就有的。馬蒂斯也是從模仿別人的畫作開始，超越模仿後才達到擁有自己個性的境界，因此年輕人或經驗不足的人不得不從模仿開始，但是，模仿只是一種手段而非目的。我認為日本的技術應該再有個性一點。不，應該要有更強烈的個人色彩。

（一九五二年七月）

自律——工業的道義心

我們常用「人格高尚」來形容一個人。

不做壞事、品行端正，腳踏實地且形象佳的人，當然人格高尚。

比方說，學校的老師或者宗教家等，就屬於這一類的人。

然而，技術人員在這個世界中卻不被如此定義。不管技術人員做人如何踏實，品行如何優良，只要他做出來的產品有瑕疵或不夠精緻的話，就技術層面來說就不夠高尚。唯有做出好的產品，對社會有貢獻的人才是高尚的、偉大的技術人員。

反過來想，那偉大又是什麼呢？就心理層面來說偉大這個字眼，首先讓人聯想到的是學者、將軍、高官或者富豪之類的。學問淵博的教授、智謀深算的軍人、手腕厲害的政治家確實偉大，但我相信一個人的偉大與否，和他對社會的貢獻成正比。

我認為在有限的人生中，一個人工作的質與量決定了那個人的價值。做出來的產品粗糙、不堪使用的人，不管性格再怎麼溫良恭儉讓，就是一位不及格的技術人員。

比方說，有一家公司生產的汽車一出廠，接頭就卡搭卡搭作響的話，那麼十年後還是一樣，沒有什麼比這個更缺乏良心的了。就技術人員來說，這就是典型的品格低劣的人。

我對於敝公司的產品，總是自行發現缺點，如果是別人指教的缺點，就立即改善。沒有絲毫猶豫。

因為車主的建議，對我們公司來說是珍寶。我認真地以為道德家或宗教家當然都是人格高尚的人，但我們應該徹底改變「人格高尚的人，技術也一定優良」這樣的想法。

我常自我警惕與勉勵，技術人員應該製造大眾想要、對大眾有益且物美價廉的商品，透過技術，努力為社會善盡一己之力。

（一九五二年五月）

工廠經營的雪泥鴻爪——三個尊重

一、尊重理論

我們公司對於工廠經營的基本理念就是尊重理論。而且只要與公司業務有關就以理論為主，並合理的處理。正確的理論才是貫通古今、百無一失，通行海內外，不被一般時間與空間所限。

日本之所以在第二次世界大戰中戰敗，原因就在當時無視美國的技術或物量，無法正確評估生產力的盲目派精神主義，只會玩弄「唯命是從的指令」、「理盲的保皇主義」與「用意志、直覺應戰」的做法。

當時只推崇「盡心盡力」，但事實上，只會盡心盡力並沒有任何價值。不，我說錯了，應該說，盡心盡力比怠惰還糟糕。因為盡心盡力需要以「正確的理論」為前提。

比方說，在人事方面，清水次郎長（註：活躍於幕府末期、明治期間的俠客）如果用中央或地方等封建的做法，就無法建立日本目前的工業。

唯有根據理論尊重每個人的創意（亦即點子）才能夠進步發展。人類的肉體勞動，最多也不過只有二十分之一的馬力。而人類的價值，就是以理論思考事情並且合理處置的智慧與能力。我們公司的新穎性，在於擁有年輕的員工，也是因為我們能夠超越時空、隨時尊重新的理論的緣故。我們公司今後的進步與發展，與其說孤注一擲在某一點上，不如說更加尊重理論。

二、尊重時間

大多數的人認為事業的要素是資金、勞動與經營，但是，現在大家都忽視了另外一個重要的因素，也就是時間。不管創意或發明多麼好，如果無法在需要的時間提供，就沒有任何價值可言。所以如果像俗諺說的：「菖浦要等六天，菊花要等十天」，商品的價值就等於零。

我們公司剛成立的時候，沒有資歷，缺乏資金，設備也不充足，但是我們之所以能夠在二輪車業界占有一席之地，全靠尊重創意與尊重時間。

我們無法確認明年此時，其他業者是否也能生產我們公司現在所製造的產品。因此，在必要的時間內達成任務，是經營的必要條件。如果等到人已經往生，醫師才趕到的話，即使是名醫都會變成獸醫。

英國的彗星號噴射機建造經費龐大且耗油，但卻能讓倫敦與東京的航程縮短到二十七小時，所以當成客機使用的話，其實是物超所值的。

經濟與距離的時代已經過去了。身處現代，時間已經取代經濟與距離的地位。

三、尊重效能

所謂效能，我個人認為是指為了享受私人生活，而把握時間賣力地工作。就如同二宮

昭和二十八年（一九五三年）七月，埼玉製作所和本田汽車員工聯合組成創意研發社團明和會。在成立大會中，本田宗一郎以名譽會長的身分致詞，勉勵大家盡情享受愉快爽朗的青春，並將其化為明天生產的動力。

金次郎（註：本名二宮尊德，為江戶後期之農政家與思想家，日本小學大多設立其背著柴薪苦讀的銅像。）的銅像一樣，爬山坡似的，忍耐又忍耐，早出晚歸的，連中飯的時間也不肯休息。工作的時候拚命工作，才是所謂的效能。在第二次世界大戰期間，將享樂視為罪惡的禁欲主義，其實是不了解何謂效能的偏見。

聽說平清盛（註：平安時代末期的武將。）曾想把黃昏給叫回來，但任誰也無法讓二十四小時拖延一分一秒。在一定的時間內，為了讓自己享受多一點私人生活，就只好將工作時間發揮到極致。根據我自己的經驗，我認為創意發明並非異想天開，而是在緊急關頭、不知所措時，狗急跳牆所產生的智慧，但是，效能也是一種人類為了享受生活所得出的智慧結晶。

特別是像我們公司這種製造摩托車或汽車的廠商，需要技術人員卓越的創意預測資材調度、機械加工製程或組裝作業，以滿足客戶的需求，以便勝過數千人體力勞動的效能。在這樣的基本的創意下，配合動力或機械在一定的時間內達成最佳化、最大化的工作任務所需要的腦力，才是效能的基本要素。

我們公司之所以不斷採購精良機器，並設置自用的發電設備就是為了提高效能。

換句話說，所謂效能就是現代人類生活的必需要件，而效能的要素共有以下三點：

一、時間

二、金錢

三、自尊

不管時間如何充足，如果缺乏金錢支援就沒有辦法悠哉生活，但是無論再怎麼富裕，沒有時間的話也無法享受人生。

但是，有了金錢與時間也不保證一定能夠享受人生。如果效能是時間與金錢，那麼去偷去騙也行，而這件事是身為一個人所不允許的事。堂堂正正用正確的方法獲得充足的收穫，賺取金錢與時間，繳多一點稅，藉由事業對國家社會有所貢獻——唯有抱持這樣的驕傲，才能與效能沾上邊。

（一九五三年五月）

TT大賽參賽宣言

我們本田技術研究所已經創立五年多，今天能夠有劃時代的大幅成長，要感謝全體同仁的努力。

我小時候的夢想，是開著自己做的汽車稱霸世界大賽。然而，在稱霸世界之前，首要之務是需要有安定的企業經營、精密的設備與優秀的設計，從這個觀點來看，因為我們一直努力為國內的消費者提供品質優良的汽車，因此也沒有心力關注摩托車大賽。

然而這次，巴西聖保羅市所發出的世界摩托車大賽的回國報告，讓我了解歐美各國的現況。我雖然不願拘泥於現實，希望放眼世界，但發覺自己還是掛心日本目前的狀況。現在的世界，正火速地向前邁進。

相反地，就我明年的預測來說，如果我參賽，絕對有必勝的把握，我天生的鬥志，讓我無法就此罷休。

「在我們絕對自信下所打造的生產制度已經完備，現在正是參賽的大好時機！我決定明年參加ＴＴ大賽。」

我們本田技研一定要達成這個艱難的任務，尋回日本機械工業的真正價值，並讓全世界知曉。我們本田技研的使命，是為日本產業啟蒙。

因此，我在此宣布我的決定，就是參加ＴＴ大賽，並且發誓與各位共同努力、投注心力研發，以獲得冠軍。宣誓如上。

（一九五四年五月）

切忌短視近利

大家認為德川幕府時代誰最會賺錢呢？答案是——商人。

當時因為禁止商人與外國有貿易往來，因此他們的構想相當侷限，在日本國內形成一股掮客型、小群型的商業風氣。而且，隨著封建時代的持續，人們也變得多疑遠慮。

形成這個風氣雖然有各種原因，但即使一家公司也有大小地盤。垂直的命令系統，使得升遷與否相當敏感，同一個系統的人志同道合，而不同系統的人，對於橫向協調則抱持著鬥爭的心態，想盡辦法抹滅對方的長處或優點，浪費應該活躍的大好年輕歲月，往後就筋疲力盡地度過壯年。

這種只計較眼前的利益與得失的現象，將使得公司高層、部長、課長與一般員工間持續鬥爭，因而浪費日本民族優秀的腦力，並且無法達成我們的遠大目標——生產世界級產品，不是嗎？

（一九五五年二月）

率直的人生

道聽塗說與經驗的綜合

我最討厭讀書了。說得誇張一點，因為我覺得書本寫的都是一些過去已經發生的事，讓我有一種讀了書就會受影響，而讓自己退步的感覺。

大概我的人生經驗都是自己親眼看或聽人家說、親自嘗試得來的。綜合這些經驗之後，自己得出一個結論然後向前走。

遇到自己不懂的事情，與其花時間翻書，倒不如直接找人請教。

讀五百頁的書，真正有用的可能只有一頁。我不會去做那種沒效率的事。我們公司也不乏大學畢業的員工，但是遇到問題的話，去問那個領域的專家還比較快一點。這是因為我習慣搭配自己長期累積的經驗判斷可行與否然後去做，但是社會大眾卻都誤以為本田宗一郎一定是從一根針到一個齒輪都自己來，這是天大的誤會。

所以，我覺得我自己的特徵就是「毫不猶豫地想問就問」。總而言之，我從不諱言我沒讀過什麼書，所以，很多事不懂也就沒什麼好奇怪的了。這麼一來，我就能夠不固執己見不恥下問。如果是從半調子的學校出來的話，多半會怕被別人取笑連這種事情都不知道，就更不敢向人請教。然後勉強下去。原本開口問一下就有答案的卻遲遲找不到答案。世界上沒有比這個更缺乏經濟效益的事情。

注意細節，是行動時的先決條件

工廠的效能其實也是同樣的道理。事實上，問題很少是需要靠技術解決的。大部分都決定於次要的事情上。其中，最重要的就是時間管理。

比方說，如果工廠想將產能提高一倍，只要將生產速度加快即可，這個道理任誰都懂。用不到除法或代數。只要加加減減，誰都能夠提高效能。

我們在行動時的先決條件，就是注意細節。

並不是技術高超，一切就能迎刃而解。在有技術以前，更重要的是如何找到提高效能的方法。日本專精於技術的職人大有人在，但是就是無法提高效能。這就是因為沒有發覺如何提高效能的問題。如果有注意的話，就會去想如何達到事半功倍的辦法。

當這樣的課題出現以後，再來就是技術人員的工作了。但是去注意這個課題，一般人都能做得到。我覺得問題在於大家忘了最開始的步驟，才會導致這個結果。

專家的任務

最近，某知名的經濟雜誌竟然堂而皇之寫著：「廠商在生產的時候，先去調查市場接受的價錢就可以了。」

讀完這篇報導之後，真是讓人失望。針對社會大眾做市場調查，是有參考價值的。比方說，想知道自己播的種被社會接受與否，或者有什麼不滿的話，我是贊成的。

然而，本來就有的東西青紅皂白不分就去做市場調查，這就很難令人苟同了。因為我不懂，負責製造的專家有何必要去向沒有經驗的社會大眾請教？如果需要這樣的話，那就不是專家了。去問社會大眾喜歡什麼，就趕不上潮流了。普羅大眾都知道的事情，就不是嶄新的設計了。

唯有出乎大眾意料，才能稱為研發、創意，也就是嶄新的設計。但是搞不懂這個關係，在企畫新產品時先去做市場調查的話，大概做出來的就是討好大眾的產品。所以，就一直在其他廠商後面追趕。

總而言之，這只是淪於匠氣而已。

（一九五九年五月）

乘風揚帆

俗話說：「只要一見鍾情，即使千里之遙猶如近在咫尺。」

如果能夠達到這樣的境界，渾然忘我地沉浸在自己喜歡的世界，那就是極致的人生了。

為了達到這個目標，每個人都應該展現自己的優缺點，而不是一味隱藏。因為石頭就做石頭，鑽石就當鑽石就行了。

然後，主管盡快抓住部屬的強項，並讓他盡情發揮、適才適所，安排在適當的位子上。

如此一來，不管是石頭或者鑽石，都能成為珍寶。

企業是一條船
載滿如同各種奇珍異寶的人
有人掌舵
有人搖槳
大家一團和樂
抱持同一目標
乘風揚帆
駛向大海
我認為，世上沒有比這個更愉快的航程了。

（一九六二年一月）

期待「壞孩子」

只要是人，都對自己所不知道的事物感到好奇。這是一種誘人的魅力，我們即使隱隱覺得不安，卻又如飛蛾撲火般地想嘗試看看。

探索自己所不知的領域，是我人生最大的樂趣之一。如果我放棄或忘記這個樂趣，就會停止我身而為人的進步。也不會有明天，每天只是沉溺在陳年往事中。也就是說，等於在衰老中度過。

我們常看到有些人消極保守，明明年紀輕輕卻一副歐吉桑的模樣，有時候還像個八十幾歲的老頭似的。做什麼事都顧東想西、慌張畏縮地活著。

為什麼會有這樣缺了什麼似的沒有用的青年呢？這種人又是怎麼教育出來的呢？當

然，他們自己需要負大部分的責任，但除此之外還有其他原因。

社會上一般比較喜歡「不像男人，猶如駱馬般（意指單純可愛）的青年」，我以為這就是原因所在。換句話說，「乖巧、老實、好調教的青年」才受歡迎，世間的大人們自私地信奉「多一事不如少一事主義」，在社會中捲起一股黑濁的漩渦。

就「年輕」而言，我有自信不會輸給任何年輕人，我雖然頭都開始禿了，大家還是叫我「戰後派本田（HONDA Apré）」。我不知道這是褒還是貶，有這種稱號，至少這個社會是保守而且排外的。

我很認真地以為此風不可長。大人們如果不能真正感受到未知的魅力，同時勇敢地追求的話，那麼家庭生活就將變得黯淡，社會失去活力，國家也就自然而然地朝著夕陽走去。這是因為嫩芽被消極的大人所呵護並且自滿，因此失去青春活力。

孩子們對所見所聞抱持疑問，睜大眼睛好奇地關注每一件事物。什麼都想拿來玩，往嘴裡放，敲一敲、打一打，讓父母親的心七上八下的。

孩子們不停地問：「為什麼？」對於孩子們來說，什麼都新奇。對於這些自己不知道的事物，孩子們當然多少也有點恐懼，但他們毫不退縮；因為，他們探索未知事物的心理就如同探險家一般。孩子們大概都差不多。大家都是在同一個速度下成長，每個孩子都是探險家，都一樣勇敢地向未知的領域邁進。

然而，父母親們卻不能理解這些「探險家」而冷漠以待。因此，把這些對於未知抱持關注的嫩芽硬摘下來甚至揠苗助長。

父母親的這個傾向，不只從孩子的幼兒期持續到青少年時期，甚至更變本加厲。

年輕人的自我思想尚未定型，追求各種自己未知的事物，在體驗中培養自己的思想，然後讓自己的個性成型。求知慾望較強的年輕人，就抓著書猛讀；喜歡運動的年輕人，就鍛鍊身材，或者拚命工作或盡情享樂也都行。

年輕人耗盡全力、消耗能量的身影是美麗且健康的。他們不需要大人們一一指點，就能發揮年輕的智慧制定一套規則，充分反映那個時代的背景。大人們因為不懂，根本不相信他們才會以指導為名，凡事處處干涉。

然而，大部分的年輕人根本不管大人懂不懂，自由自在地快速成長。因此，我也不能一口斷定在他們內心深處，不對大人們抱持難以抹滅的不信任、輕蔑或絕望。

年輕人一說：「我想去爬山。」大人就會勸：「太危險了，不要去。」騎個摩托車的速度快一點，就被罵：「為什麼你老是做這種危險的事呢？」夜夜笙歌的話，就會遭到鄰居的白眼。

「大家都是為了你好才說你的，你也靜下心來，好好讀點書吧！」

年輕人大概都被這樣的叱責包圍著。大人的這種感覺，就好比媽媽氣喘吁吁地拿一條內褲，追著全身光溜溜的小孩跑一樣。

但是，小孩子們不懂什麼是好看或面子。他們只覺得全身脫光光自由自在又涼快舒爽。但是，做母親的卻不懂這種喜悅。事情從小看大，大人們只會用自己的感覺來判斷事情。因此，當他們想像自己沒有穿褲子的情景時，就面紅耳赤。但是，我卻覺得大人的這個行為，才粗鄙猥褻哩！

小孩一旦到青少年時期，自然而然地就會想要修飾外表，也會知道什麼樣子是見不得人的。人，就是這麼一回事。

大人們完全不去理解小孩子的純樸，只會從家長的常識範圍教育他們，所以才會培養出讓人討厭的小大人，或者未老先衰的年輕人。對孩子們來說，實在是不幸又讓他們不知所措的事情。

就如同一句名言所說的：「父母不知孩子的心。」

在父母親這樣的調教下，除了培養出同一個模子印出來的個性以外，還會有什麼樣的個人特質？讓人想著都不禁毛骨悚然。如果我們想一想，社會上將只會說「是、是。」對大人言聽計從，或者從來不跳脫大人思考框框的小孩歸類為「好孩子」；而對那些明白說出自己的意見，有自我主張，帶著個人色彩行動的小孩貼上「壞孩子」的標籤，就可以理解原因所在了。

因此，我反而期待那些大家眼中的「壞孩子」。這是因為這樣的小孩才有「個性的嫩芽」，他們才是可靠的，充滿可能性，也才是真正的「好孩子」。

我常常跟身邊的年輕人這麼說：

「如果那些自己都無法跳脫上一個世紀的大人們誇讚你是『好孩子』，那你也無法超越那個大人。」只知道察言觀色，封閉萎靡的人，一定無法在這個日新月異的現代生存下去。首先，這種人就追趕不上時代的進步。

所以，不要怕大人說你是「壞孩子」，最重要的是拿出年輕人應有的勇氣，做各種嘗試，努力開拓自己的視野。

如果衝過頭或犯了錯，只要自己認為自己的行動是積極而且正確的話，這就是「年輕氣盛」，沒什麼大不了的。這是年輕人才有的特權，不要輕易放棄。

接下來，為了避免大家誤解，我想進一步解釋。我想說的是，每件事都有它的界限。有人會說：「只要我喜歡，有什麼不可以？年輕人沒有什麼不能做的。」但是，這是有界限的。

比方說，摩托車騎得太快危害他人，玩太過頭去偷去搶，這就是不可原諒的行為。我認為身為社會的一分子，對善良平民造成困擾是最嚴重的罪行；我們絕對不可以把自己的快樂建築在別人的痛苦上。

社會自有維持社會運作所需的法律與秩序。因此，大家都必須遵守。為了尊重自己的生命、財產或自由，就必須先尊重他人。我們應意識到自己的權利，同時善盡義務。

只要遵守這個前提，不管採取怎麼樣的行動都沒有責任問題。犯了錯以後，絕對不能卸責推拖。我期待各位不管在什麼情形下，自己的行動都是由自己的意願所決定的。

沒有什麼比被別人牽著鼻子走又貿然行動的人更不負責任又丟臉的了。更進一步說，我甚至期待即使各位遇到周圍施壓，只要是違反自己意願的建議，都有斷然拒絕的勇氣。

當各位養成了這樣的基本思考以後，就會培養出一種良知，了解行動自由的界限如何劃分。缺乏良知的「年輕」就是兩面刃，有時會露出獠牙傷人。而當我們傷害到他人的同時，也傷了自己。

各位應該切忌調皮地放縱「年輕」的衝動，讓寶貴的能量橫衝直撞。人生是一條漫長遙遠的路，坎坷又曲折。各位把它想成是一條比日本的道路更糟糕的路就行了。如果搞不清楚狀況，橫衝直撞總有一天會筋疲力盡。

正確判斷實際狀況、妥善預測未來、適當分配自己的能量，是相當重要的事。因此，我們便需充實學問，擁有豐富的見識。經驗的智慧也不可或缺。此外，更需具備勇氣，懂得決斷、落實執行，同時堅忍不拔。

如果忽略這些條件，莽撞地向前衝的話，那根本不是「年輕」，更談不上積極上進的態度。

歷史支撐現代、建構未來；否定歷史，就無法理解現在。唯有以歷史為背景，才能將未來導引至一個正確的方向。

我就舉一個例子來解釋。

在第二次世界大戰結束不久，日本國內充斥著各式各樣的腳踏車。有些設計奇怪到我們也目瞪口呆。但是，十六年後的現在，腳踏車卻復古到以前的造型。

這是為什麼呢？因為就各種層面來說，腳踏車從很早以前就已經定型了。腳踏車的設計以三角型的車體橫桿最符合經濟效益，同時也很合理，這已經成為定論。只要是兩個輪子的，需要人來騎的交通工具大概不脫這個結構與造型。

如果回顧一下腳踏車的歷史就容易理解了。忽略這個經緯才會設計出不適用的產品。

人生中這樣的例子也隨處可見。為了節省一點點努力或時間，而偷雞不著蝕把米的行為是最愚蠢的了。

對於沉不住氣，總是往前衝的我而言，我研究歷史並非只是受到立川文庫的影響，其實也是有上述理由的。我們從歷史可以學到很多東西，也是很好的反省素材，又可以從中得到適當的建議。

人生真的漫長，搞錯起跑點的話，就會讓方向愈走愈偏，最後不可收拾。一旦不知道如何分配自己的能量，像高級汽油般珍貴的「年輕」，就會爆炸往破壞的方向墮落而熄火。

如果能夠隨時警覺這個問題，那麼不管要如何隨心所欲地行動或歌頌青春都可以，那些沒有知識的大人們的說教根本就是廢話。我期待各位能夠大大方方地散發「年輕」的活力，展現「年輕的生命」。

我們的時代在不久的將來，就會捨棄老態龍鐘的年輕人，而看重這些活潑爽朗的年輕人。

（一九六二年三月）

不懂說笑（Joke）的人生枯燥乏味

日本人長期以來都與風趣或幽默無緣。大家都是在凝重的氣氛下不發一語、拘謹壓抑。

人類並非機器，無法持續發揮一定的能力。人會感到疲勞、厭煩，而且效率說降就降。因此，人類需要休息及轉換心境。說笑能為單調的生活畫上句號，剎那一笑撫慰心靈，也可以是一個警惕，或者協助轉換心境。開開玩笑可以讓我們釋放緊張、忘卻疲勞，心情愉快促進活力。我認為懂得說笑才能維持明朗有趣的人生。從今而後，我們的生活中如果不能隨時開玩笑，那麼，我們的臉就無法擺脫做作的哲學性的陰暗表情或怪裡怪氣的冷笑。

（一九六二年三月）

避免志得意滿

談到貿易自由化所帶來的功與過，它的好處是讓海外的產品可以自由地進口到日本，而日本的產品也同樣可以出口到海外，這是一種雙贏的局面。同時，對我們而言，最重要的是，因為社會大眾直接接觸國產品與外國貨並下判斷，所以身為廠商的我們就能夠知道自己應該前進的方向。換句話說，大眾判斷產品好壞的機會變得非常多。

總而言之，大眾會評估產品的好壞，而我們公司就能輕易地察覺這樣做是否可行。

所以，我們都應該牢記在心的是，不要人云亦云，也切忌志得意滿……。現在大家都說日本汽車已達世界水準，具有國際競爭力，但是我卻認為這只是一種夜郎自大的心態。

我們公司雖然也被譽為世界第一大廠，但這卻不是我們自己帶頭向世人宣傳我們是世界第一的。

這是各位同仁歷經千辛萬苦，發揮創意，創造出來的結果，因此才逐漸受到用戶肯定，我們就是因為毫不自滿才有今天的發展。

當然跟經銷商不懈怠的努力也有關係。

首先，通產省（即經濟部）制定法律防止外國貨進口，並不能保證日本企業永續發展。因此應該盡快開放自由貿易，讓大眾來做判斷，盡早讓日本企業修正自己的經營方向比較划算。當真為自己公司著想的話，就應該早一點讓大眾來決定自家產品的好壞。

當日本的大眾有了外國貨來比較對照時，因為目前國產品銷路不錯，就等同國際水準的想法就變得相當危險。

我們應該牢記，產品的好壞，是由大眾決定，而非廠商。

（一九六四年十一月）

先為自己工作

我常常勸大家，不要只為公司賣命。我想各位應該都是懷抱著令人敬佩的精神，想要為公司打拼而加入的。我猜各位都是心裡燃燒著想怎麼做的希望，然後進來公司的吧？

我覺得，上班的絕對條件就是為自己而做。當各位努力工作時，就為公司加分，而且還讓公司愈變愈好。

我不像以前的部隊一樣，要求各位犧牲自己完成公司的成長。

為自己工作是對自己忠實。有人會以為這是一種利己主義，但事實並非如此。

人是相對的，不被稱讚就快樂不起來。

因此，如果有人說我們是好人，我們就會感到高興。

我們並非單純的獨善其身即可。自己想要變好時，如果旁人也不跟著一起改變的話，自己是無法變好的，我希望各位記得這一個原則，努力讓自己變好。

（一九六九年四月）

車廠的責任

我想藉此機會向各位特別說明。我們公司只要一天與交通工具有關，就一定要負起責任。沒有責任感的人請立即離開公司。如果讓我知道有誰不負責任的話，我就指名道姓要他辭職。這是因為交通工具與人命相關，有時可能會釀成重大交通意外，關係著寶貴人命，因此需要有強烈的責任感。不負責任的人可以去賣文具用品或布匹之類的。這些東西如果有缺陷的話，換個貨就可以解決。但是我們公司的產品如果有瑕疵，則後果嚴重。

因此，既然各位選擇了這個職業，那麼至少應該了解自己的責任所在。這是我想讓各位清楚了解的。

（一九六九年四月）

退休感言

很早以前，我就跟副社長商量藉著公司創立二十五周年的機會交棒給下一代，兩人一同退出第一線。我也在四月左右向四位董事表達我與副社長的辭職意向，他們也都理解，並著手具體檢討交接的做法。

我本來想透過新聞等報章管道向各位宣布，但是，記者在我去中國出差時先報導了出來，才讓各位覺得來得很突然。

然而，對於HONDA公司的人來說，從昭和三十九年（一九六四年）設立董事辦公室制度開始，三年前開始四董事小組的體制，特別是最近一年公司實質上以四位董事為中心經營運作，各位應該已經察覺這個交棒只是遲早的問題而已。

＊

HONDA是一家抱持夢想與年輕活力，尊重理論、時間與創意的公司。

特別是所謂的年輕，我認為是指：

迎向困難的意願

不劃地自限

孕育新價值的智慧

就這個意義來看，我在身心方面不輸給各位。然而，在現實上很遺憾地我近來時常感嘆：「年輕真好，跟年輕人真是沒得比。」

例如在研發CVCC時，當我說出研發環保引擎是讓我們與其他四輪車廠商站在同一個起跑點的大好機會時，研究所的年輕後進就主張說：「廢氣排放對策並非企業本位的問題，而是汽車產業應該負起的社會責任與義務。」讓我大開眼界，打從心底佩服。

美國也有報導說，具發展潛力的企業董事長的年齡平均都四十幾歲，董事長六十幾歲的公司大多死氣沉沉，經營停頓。

讓我不禁感嘆，年輕真好。

HONDA一直走在時代先端，因為，有各位年輕人支撐著。

而各位也不斷的成長茁壯。

這個時代需要的是能讓我眼睛發亮的新價值觀、企業與社會交流的新鮮感、在這樣的條件上建構出新鮮的經營手法。

今後我們各個組織需要更多的年輕活力與感覺，以因應各界要求企業擔負的社會責任，或保護地球自然環境的聲音。

*

我即使自認為年輕，副社長與我也都六十幾歲了。我認為我們兩人帶頭領導各位的時代已經過去，而且各位也不再需要我來指導。

副社長以業務為主，負責公司的資金與組織等內部事宜，而我則負責技術研發、製造與對外交涉等，兩人三腳的分工合作。我們兩人都是半桶水，但是搭檔起來就是完整的一個經營者，因此，當想退隱時，自然而然兩人就認為應該共進退。

即使能力不強，只要看到對方的優點、彼此互補，和樂地共同努力的話，就能做好工作。世界上並沒有所謂完人。我認為自己欠缺的或者做不到的部分在請求旁人協助的同時，也盡力貢獻自己擅長的部分，這才是共同組織的長處與重點。我希望各位充分認識到一家缺乏「人和」的企業，將使得集團發展變得遲鈍，甚至無法營運。

從四位董事經營公司的實際績效來看，已經證明他們充滿活力，靈活因應，又能夠維持新鮮感。因此，我能安心交棒。

我衷心感謝各位的努力，讓公司的交接順利進行。

＊

回顧這一路走來，真是千辛萬苦，也飽嚐失敗的滋味。而且，我還不時自私地交代一些事情造成各位的困擾。然而，重要的是一件新穎龐大的工作之所以成功，其實在研究與努力的過程中，都累積了百分之九十九的失敗。我想各位都明白這個道理，所以才能夠奮鬥到這個地步。

我與HONDA共同度過的二十五年的歲月，對我來說是最充實、最有意義的每一天。

感謝各位為公司努力打拼。

謝謝大家。

真的十分感謝。

*

HONDA社訓的開頭寫著「世界的視野」，是指拒絕模仿，及流露「不說謊、不敷衍」的浩然正氣。

尊重獨創性，珍惜與客戶、車主、地方等直接或間接交流的整體社會關係的企業體質，獲得外部的理解與支持，讓員工的努力得以開花結果。這個基本理念落實在各種設備、產品或制度裡，即使經營高層交接也絲毫不受到動搖，滲透每一位本田人的心裡。

*

我期待從今而後，各位能夠抱持遠大夢想，充分發揮年輕活力，同心協力，打造比現在更開朗，更有工作價值的公司，進而受到世界好評，回饋社會。

HONDA公司燦爛的未來，就靠各位了。

我們兩人並不會離開這裡。很多地方還需要向各位請教，同時也想為公司再盡心力。

今後也請繼續指教。

（一九七三年八月）

我對事物的看法與想法

注重人際關係，不靠硬記死背而靠電腦

以前，人家曾告訴我：「記得住的才是好孩子，怎麼教都不會的是壞小孩。」但是，這個已經是古老時代的事了。在私塾時代只教「讀、寫與珠算」，當然誰都學得會。

然而，現在如何呢？當進入電子工學時代以後，人類窮其一生所能記憶的量其實有限。我雖然常常滿口大道理，但事實上什麼也不懂。可見學問有多難。

例如以前的電氣是指接通電流的如電燈、馬達或磁鐵之類的，所以大家都背得起來。但現在說到電氣卻花一輩子也說不完。因此，用記不記得住來評分，是很奇怪的事。我

想，即使是學校的老師，也不見得什麼都懂。

當然在以前那個時代，老師教的功課就得全部硬記死背。比方說，交通還不是那麼發達的時候，如果去美國或者歐洲的話，至少得花上五十天，所以就得學會所有應該知道的事情。學生也就要一五一十的背下來。換句話說，那個時候具有好的記憶力相當重要。

現在當電腦發明了以後，只要按一下數據就會出來。在這樣的時代裡，背不背得起來還有那麼重要嗎？假設現在有一件美國人知道但我不知道的事，如果馬上打電話給一個美國人（一位值得信賴的好人），馬上就能得到答案了。現在已經是這樣的時代不是嗎？

因此，我認為身處這樣的時代最重要的條件，就是維持良好的人際關係。一旦人際關係良好，就可以獲得各種知識或資訊。我覺得，不知道時代演變，還停留在古早時代思考方式的人既愚且笨。

更富人性

我這個人，與其硬記死背，倒不如想知道日新月異的知識，嘗試一些別人不做的事。

遇到自己不懂的地方，去請教年輕人就懂了。到底我為什麼專挑自己不擅長的東西來做呢？

我想強調的是，我希望各位成為一位受大家歡迎，堂堂正正的一個人，讓別人有「因為是你，我才教的喔！」這樣的心態。如果能夠做到這樣的話，即使學歷不高，也不會有太大問題。因此，我希望各位多一點人性。

我不認為自己多富有人性，但我做社長做到剛剛卸任，而且還做得不錯，所以我只要發問就能馬上得到答案。自己懂的東西就不會再超越了，向他人請教或者帶著小抄對我來說都是一樣的。大家認為不能帶小抄的原因是指在沒有電腦，什麼都得靠硬記死背的時代。現在帶著小抄已經不是什麼大不了的事了。如果家長能夠想：「有好幾個人帶小抄耶，多好啊……」小孩子也會覺得輕鬆很多呢！

（一九八二年八月）

結語

日本的汽車工業共有十一家大廠，最近受到世界重整的風潮影響相繼被歐美廠商納入旗下，日本國內獨資經營的只剩下豐田與HONDA。在一九九〇年代前期，HONDA神話也曾覆蓋陰影。不少老員工或車主感嘆：「HONDA變成一家沒有個性的大眾化企業了。」

然而，HONDA在二〇〇〇年的日本新車銷售上首次贏過日產汽車，成為繼豐田之後的日本第二大廠。連結營業額逼近十兆日圓，與日產拉出一段距離。本田宗一郎終於達成他常年夢想——「追上並超越日產汽車」。

一九四八年在濱松市發跡，從小型二輪車廠商躍身一變成為「世界的HONDA」，全世界員工也突破二十萬人。

本田宗一郎與藤澤武夫揭示與夥伴分享夢想，挑戰困難目標的「HONDA主義（HONDAISM）」，他們所落實的挑戰未來的志向在半個世紀以後，成為該公司的「製造基因」。本田的兒孫世代也都「自行創業」分別進軍小型飛機或機器人等領域，打造新的企業神話。

本田宗一郎曾寫下《雙手的故事》（講談社文庫出版）的隨想集。文章一開頭是一張本田左邊手掌的插圖與說明。

「比一比手掌心的大小或手指的形狀，很少有人像我這樣左右手差異這麼大的。在沒什麼像樣的機器的時代，我這雙手從修理汽車到製作各種東西，做了失敗，失敗了又做。右手做事，左手支撐。所以，左手常被敲打到。」本田的左手滿是傷痕。

美工刀或榔頭所造成的傷痕，被錐子或切削工具貫穿的痕跡。「只有小指頭比較像樣，我沒有什麼其他意思喔！（註：在日本，小指頭也有紅粉知己之意。）」。說著他特有的本田式玩笑，手上的傷痕是他的榮耀勳章也是人生至寶。

那雙手像是滔滔不絕地訴說著本田是一位貨真價實的職人。他父親經營一家鐵工廠，自己也去當學徒學會一身本領。他帶有面對強者的俠義之氣、不執著金錢與權力的正氣與輕妙、灑脫的舉止與容易臉紅的個性、稍嫌急躁的行動力——這些都是日本傳統職人所具備的資質。

然而，另一方面在大正時代度過少年時期的本田，憧憬汽車或飛機等文明的舶來品，是一位滿腦子夢想的現代主義者（Modernist）。昭和初期，本田在汽車維修廠度過，那裡是聚集時髦客人與文物的情報基地。他一邊當學徒，一般將維修廠當做學校一樣的學習，吸收自由的精神、尖端的技術與資訊。他踏入尚處草創期的日本汽車工業，在第二次世界大戰時期經手製造飛機的經驗，讓他只對技術感興趣，而不隨軍國主義或官尊民卑的風潮起舞。他以為與其犧牲小我完成大我，倒不如埋首做一些自己喜歡的事來得實在。手指靈活的工匠於是蛻變成一位具獨創性、有生命價值的技術者。

本田具備獨特的機智及經營的天賦。他雖然不擅長珠算（數字），但卻具備洞燭先機的前瞻性，並且擅長用人。就像他一眼看出藤澤武夫的才華一樣。他因為網羅這一位具備近代經營感覺的「賢內助」，因此搭上戰後汽車風潮並且開花結果。

因此，在本田的一生中並沒有刻苦勤勉的悲壯或是修行的禁慾主義。本田身逢日本汽車市場蓬勃發展，社會急速革新的時代，因此沒有時間回頭看。他總是讚揚年輕，所以當然只懂得向前看。

說起本田一定讓人想起他退隱的節操。然而，他雖然一手創辦這家公司，當了二十五年的社長也到了極限。就如同人世間沒有永遠的美女一樣，天才的才能也是一時的。他在「空冷水冷爭論」中孤立奮戰，後來被迫辭去技術研究所高層寶座，便已顯示他執著於技術，身為技術經營者的才能已經到極限了。

從職人轉變為技術人員，再搖身一變成為經營者。在這段攀登的歷程中，本田最重視的就是獨創性與拒絕模仿。部下異口同聲的說，本田最氣有人抄襲其他公司，或用其他公司當藉口，這個時候，都免不了要吃他的拳頭。

他們說：「當老闆把帽子反著戴的時候，表示他心情很好，而把帽子壓低到遮住雙眼的話，就是生氣了。工廠的人都是看他戴帽子的方式，自然而然地將扳手或尺藏起來或收好。」這個小插曲最能說明本田追求獨創性的熱忱。

不管是技術面或經營面，創造力都是本田的工作泉源。創造力來自他永無止盡的夢想。當一個人沒有夢想，畏畏縮縮的話，創造力就會凋零。當追溯本田宗一郎的一生時，不禁讓人再一次有感而發。

本書中關於HONDA內部的動態及相關人員的說詞係根據本田技研工業為紀念創立五十周年所發行的文刊《歷史傳承　挑戰的五十年》（一九九九年出版），與藤澤武夫所著之《火把要自己拿》等書。本田宗一郎相關的評論繁多，但筆者希望藉由本田的文章與正史（《歷史傳承　挑戰的五十年》）正確傳述他的一生。

【資料來源】

《歷史傳承：挑戰的五十年》（一九九九年，HONDA出版）

《Mr.HONDA FOREVER最高顧問故本田宗一郎之追悼集》（一九九一年，HONDA出版）

《TOP TALKS前瞻的智慧》（一九八四年，HONDA出版）

《火把要自己拿》（藤澤武夫著，一九七四年，產業效能短期大學出版部刊行）

本田宗一郎年譜

明治三十九年（一九〇六）十一月十七日，靜岡縣磐田郡光明村（現之天龍市）出生。

大正十一年（一九二二）四月，受雇於東京本鄉的亞特商會，當汽車維修工。

昭和三年（一九二八）自立門戶，於濱松開設亞特商會分店，擔任廠長。

昭和十四年（一九三九）東海精機重工業社長。生產活塞環。

昭和二十一年（一九四六）九月二十四日，於濱松成立本田技術研究所。研發電動腳踏車的輔助引擎。

昭和二十三年（一九四八）於濱松成立本田技研工業，擔任社長。資本額一百萬日圓，三十四名員工。

昭和二十四年（一九四九）正式研發「夢想D型」摩托車。聘用藤澤武夫擔任常務董事。

昭和二十六年（一九五一）「夢想D型」成功攀越箱根埡口。

昭和二十七年（一九五二）研發「小狼F號」腳踏車輔助引擎。因為研發小型引擎榮獲藍帶勳章。公司搬遷至東京。赴美訂購工具機。

昭和二十八年（一九五三）進口四億五千萬日圓之工具機。

昭和二十九年（一九五四）股票公開上市。發表TT大賽參賽宣言。遭遇經營危機。工會之成立。

昭和三十年（一九五五）二輪車生產量日本第一。日本政府發表「國民車培育構想」。

昭和三十一年（一九五六）本田與藤澤赴歐洲考察。

昭和三十二年（一九五七）東京證券交易所上市。

昭和三十三年（一九五八）推出小型腳踏車「超級小狼」一炮而紅，奠定量產規格與出口基礎。

昭和三十四年（一九五九）首次參加TT大賽。成立美國本田公司專營銷售。

昭和三十五年（一九六〇）將研究部門從總公司獨立，成立本田技術研究所，兼任社長。

昭和三十六年（一九六一）ＴＴ大賽中包下第一到第五名，獲得優勝。日本通產省草擬特振法案。

昭和三十七年（一九六二）於比利時成立生產銷售公司。研發S360跑車（首輛四輪車）。鈴鹿賽車場竣工。於日本經濟新聞連載本書第一部所刊載之〈我的履歷書〉。

昭和三十八年（一九六三）於京都召開公司十五周年慶。推出新車價格有獎徵答活動。推出紅色造型跑車S500。

昭和三十九年（一九六四）首次參加Ｆ１大賽。

昭和四十年（一九六五）於墨西哥Ｆ１ＧＰ大賽中首次獲勝。

昭和四十二年（一九六七）推出輕型汽車N360獲得好評。推出僅三個月即榮獲日本國內銷售冠軍。決定進軍小型車市場。

昭和四十三年（一九六八）法國ＧＰ大賽發生死亡事故。

昭和四十四年（一九六九）推出首台小型汽車H1300滯銷。公司內部掀起「空冷與水冷」的辯論。

昭和四十五年（一九七〇）改為由四位董事營運之集體指導體制。舉辦第一屆全日本本田創意大賽。因瑕疵車問題遭到提告（翌年獲不起訴處分）。
昭和四十六年（一九七一）發表ＣＶＣＣ環保引擎。
昭和四十七年（一九七二）ＣＶＣＣ引擎通過馬斯基法案一九七五年的檢驗標準。與豐田汽車簽訂技術提供契約。推出環保汽車喜美（Civic）・CVCC。
昭和四十八年（一九七三）十月，本田技研工業社長卸任，轉任最高顧問董事。
昭和五十二年（一九七七）成立本田財團。宣布於美國俄亥俄州成立工廠當地生產。
昭和五十六年（一九八一）榮獲一等瑞寶勳章。
昭和五十八年（一九八三）本田技研董事卸任，轉任終身最高顧問。HONDA睽違十五年重新參加Ｆ１大賽。
昭和六十一年（一九八六）榮獲Ｆ１大賽製造部門稱號。
昭和六十三年（一九八八）藤澤武夫因心臟病發辭世。享年七十八歲。
平成元年（一九八九）本田成為第一位進入美國「汽車名人堂」的亞洲人。
平成二年（一九九〇）本田榮獲國際汽車聯盟（ＦＩＡ）金牌獎。

平成三年　（一九九一）八月五日，肝功能衰退辭世。享年八十四歲。榮獲勳一等旭日勳章。

經濟新潮社　〈自由學習系列〉

書號	書名	作者	定價
QD1001	**想像的力量**：心智、語言、情感，解開「人」的祕密	松澤哲郎	350
QD1002	**一個數學家的嘆息**：如何讓孩子好奇、想學習，走進數學的美麗世界	保羅・拉克哈特	250
QD1003	**寫給孩子的邏輯思考書**	苅野進、野村龍一	280
QD1004	**英文寫作的魅力**：十大經典準則，人人都能寫出清晰又優雅的文章	約瑟夫・威廉斯、約瑟夫・畢薩普	360
QD1005	**這才是數學**：從不知道到想知道的探索之旅	保羅・拉克哈特	400
QD1006	**阿德勒心理學講義**	阿德勒	340
QD1007	**給活著的我們・致逝去的他們**：東大急診醫師的人生思辨與生死手記	矢作直樹	280
QD1008	**服從權威**：有多少罪惡，假服從之名而行？	史丹利・米爾格蘭	380
QD1009	**口譯人生**：在跨文化的交界，窺看世界的精采	長井鞠子	300
QD1010	**好老師的課堂上會發生什麼事？**——探索優秀教學背後的道理！	伊莉莎白・葛林	380
QD1011	**寶塚的經營美學**：跨越百年的表演藝術生意經	森下信雄	320
QD1012	**西方文明的崩潰**：氣候變遷，人類會有怎樣的未來？	娜歐蜜・歐蕾斯柯斯、艾瑞克・康威	280
QD1013	**逗點女王的告白**：從拼字、標點符號、文法到髒話……英文，原來這麼有意思！	瑪莉・諾里斯	380

經濟新潮社 〈經營管理系列〉

書　號	書　　名	作　　者	定價
QB1076X	**策略思考：**建立自我獨特的insight，讓你發現前所未見的策略模式	御立尚資	360
QB1078	**讓顧客主動推薦你：**從陌生到狂推的社群行銷7步驟	約翰・詹區	350
QB1080	**從負責到當責：**我還能做些什麼，把事情做對、做好？	羅傑・康納斯、湯姆・史密斯	380
QB1082X	**論點思考：**找到問題的源頭，才能解決正確的問題	內田和成	360
QB1083	**給設計以靈魂：**當現代設計遇見傳統工藝	喜多俊之	350
QB1084	**關懷的力量**	米爾頓・梅洛夫	250
QB1085	**上下管理，讓你更成功！：**懂部屬想什麼、老闆要什麼，勝出！	蘿貝塔・勤斯基・瑪圖森	350
QB1086	**服務可以很不一樣：**讓顧客見到你就開心，服務正是一種修練	羅珊・德西羅	320
QB1087	**為什麼你不再問「為什麼？」：**問「WHY？」讓問題更清楚、答案更明白	細谷 功	300
QB1088X	**焦點法則：**別讓五年後的自己後悔！放棄不重要的事，才能擁有人生	布萊恩・崔西	280
QB1089	**做生意，要快狠準：**讓你秒殺成交的完美提案	馬克・喬那	280
QB1090X	**獵殺巨人：**十大商戰策略經典分析	史蒂芬・丹尼	350
QB1091	**溫伯格的軟體管理學：**擁抱變革（第4卷）	傑拉爾德・溫伯格	980
QB1092	**改造會議的技術**	宇井克己	280
QB1093	**放膽做決策：**一個經理人1000天的策略物語	三枝匡	350
QB1094	**開放式領導：**分享、參與、互動——從辦公室到塗鴉牆，善用社群的新思維	李夏琳	380
QB1095	**華頓商學院的高效談判學：**讓你成為最好的談判者！	理查・謝爾	400
QB1096	**麥肯錫教我的思考武器：**從邏輯思考到真正解決問題	安宅和人	320
QB1097	**我懂了！專案管理**（全新增訂版）	約瑟夫・希格尼	330

經濟新潮社 〈經營管理系列〉

書號	書名	作者	定價
QB1098	**CURATION策展的時代：** 「串聯」的資訊革命已經開始！	佐佐木俊尚	330
QB1099	**新·注意力經濟**	艾德里安·奧特	350
QB1100	**Facilitation引導學：** 創造場域、高效溝通、討論架構化、形成共識，21世紀最重要的專業能力！	堀公俊	350
QB1101	**體驗經濟時代（10週年修訂版）：** 人們正在追尋更多意義，更多感受	約瑟夫·派恩、 詹姆斯·吉爾摩	420
QB1102	**最極致的服務最賺錢：** 麗池卡登、寶格麗、迪士尼都知道，服務要有人情味，讓顧客有回家的感覺	李奧納多·英格雷利、麥卡·所羅門	330
QB1103	**輕鬆成交，業務一定要會的提問技術**	保羅·雀瑞	280
QB1104	**不執著的生活工作術：** 心理醫師教我的淡定人生魔法	香山理香	250
QB1105	**CQ文化智商：**全球化的人生、跨文化的職場——在地球村生活與工作的關鍵能力	大衛·湯瑪斯、 克爾·印可森	360
QB1107	**當責，從停止抱怨開始：**克服被害者心態，才能交出成果、達成目標！	羅傑·康納斯、 湯瑪斯·史密斯、 克雷格·希克曼	380
QB1108	**增強你的意志力：** 教你實現目標、抗拒誘惑的成功心理學	羅伊·鮑梅斯特、 約翰·堤爾尼	350
QB1109	**Big Data大數據的獲利模式：** 圖解·案例·策略·實戰	城田真琴	360
QB1110	**華頓商學院教你活用數字做決策**	理查·蘭柏特	320
QB1111C	**V型復甦的經營：** 只用二年，徹底改造一家公司！	三枝匡	500
QB1112	**如何衡量萬事萬物：**大數據時代，做好量化決策、分析的有效方法	道格拉斯·哈伯德	480
QB1114	**永不放棄：**我如何打造麥當勞王國	雷·克洛克、 羅伯特·安德森	350
QB1115	**工程、設計與人性：** 為什麼成功的設計，都是從失敗開始？	亨利·波卓斯基	400

經濟新潮社 〈經營管理系列〉

書號	書名	作者	定價
QB1116	**業務大贏家：**讓業績1＋1＞2的團隊戰法	長尾一洋	300
QB1117	**改變世界的九大演算法：**讓今日電腦無所不能的最強概念	約翰．麥考米克	360
QB1118	**現在，頂尖商學院教授都在想什麼：**你不知道的管理學現況與真相	入山章榮	380
QB1119	**好主管一定要懂的2×3教練法則：**每天2次，每次溝通3分鐘，員工個個變人才	伊藤守	280
QB1120	**Peopleware：**腦力密集產業的人才管理之道（增訂版）	湯姆．狄馬克、提摩西．李斯特	420
QB1121	**創意，從無到有**（中英對照×創意插圖）	楊傑美	280
QB1122	**漲價的技術：**提升產品價值，大膽漲價，才是生存之道	辻井啟作	320
QB1123	**從自己做起，我就是力量：**善用「當責」新哲學，重新定義你的生活態度	羅傑．康納斯、湯姆．史密斯	280
QB1124	**人工智慧的未來：**揭露人類思維的奧祕	雷．庫茲威爾	500
QB1125	**超高齡社會的消費行為學：**掌握中高齡族群心理，洞察銀髮市場新趨勢	村田裕之	360
QB1126	**【戴明管理經典】轉危為安：**管理十四要點的實踐	愛德華．戴明	680
QB1127	**【戴明管理經典】**新經濟學：產、官、學一體適用，回歸人性的經營哲學	愛德華．戴明	450
QB1128	**主管厚黑學：**在情與理的灰色地帶，練好務實領導力	富山和彥	320
QB1129	**系統思考：**克服盲點、面對複雜性、見樹又見林的整體思考	唐內拉．梅多斯	450
QB1130	**深度思考的力量：**從個案研究探索全新的未知事物	井上達彥	420
QB1131	**了解人工智慧的第一本書：**機器人和人工智慧能否取代人類？	松尾豐	360
QB1132	**本田宗一郎自傳：**奔馳的夢想，我的夢想	本田宗一郎	350

國家圖書館出版品預行編目資料

本田宗一郎自傳：奔馳的夢想，我的夢想／
本田宗一郎著；黃雅慧譯. -- 二版. -- 臺
北市：經濟新潮社出版：家庭傳媒城邦分
公司發行, 2016.11
面；　公分. --（經營管理；132）
ISBN 978-986-6031-95-3（平裝）

1. 本田宗一郎　2. 傳記

783.18　　105020499